U0676301

体育教学思维创新
与运动实践探索研究

唐阳成　段新婷　李　准/著

吉林人民出版社

图书在版编目(CIP)数据

体育教学思维创新与运动实践探索研究 / 唐阳成，
段新婷，李准著. —长春：吉林人民出版社，2023.9

ISBN 978-7-206-20507-1

Ⅰ. ①体… Ⅱ. ①唐… ②段… ③李… Ⅲ. ①体育教
学 -教学研究 Ⅳ. ①G807.01

中国国家版本馆 CIP 数据核字(2023)第 216931 号

体育教学思维创新与运动实践探索研究

TIYU JIAOXUE SIWEI CHUANGXIN YU YUNDONG SHIJIAN TANSUO YANJIU

著　　者:唐阳成　段新婷　李　准

责任编辑:金　鑫

出版发行:吉林人民出版社(长春市人民大街 7548 号　邮政编码:130022)

印　　刷:吉林省海德堡印务有限公司

开　　本:787mm×1092mm　　　1/16

印　　张:13　　　　　　　字　　数:167 千字

标准书号:ISBN 978-7-206-20507-1

版　　次:2024 年 4 月第 1 版　　印　　次:2024 年 4 月第 1 次印刷

定　　价:58.00 元

如发现印装质量问题,影响阅读,请与出版社联系调换。

前　言

　　作为与人类生存与发展密切相关的体育，无论从物质层面还是精神层面而言，其一直触及人类生活的意义问题，因此，体育一直是人类社会生活的重要文化形式之一。

　　体育教学历史悠久，随着人类社会的发展，体育教学经历了一个不断充实、完善的过程。在其发展的过程中，现代体育教学逐渐发展成科学的教学、全面的教学，发展成培养德、智、体、美、劳全面发展的人才的教学。如今体育教学越来越受到人们的重视，在社会中发挥着越来越重要的作用。创新是一个民族进步的阶梯，是一个国家兴旺发达的不竭动力。随着素质教育的全面贯彻实施，"以人为本"的教育理念渗透各个学科。为了全面提高学生的综合素质，使其适应日趋激烈的竞争环境，加强对学生的健康教育，提高学生的身心健康水平显得尤为重要，素质教育越来越成为各级各类学校和广大教师研究的课题。

　　高校体育课程是整个高等教育的基础课程之一，承担着全面提高学生整体素质和推动素质教育向纵深发展的重任。体育不仅是提高学生身体素质乃至综合素质的重要内容，还是推动全民健身运动的重要载体。助力体育事业高质量发展，必须从当前体育教学中存在的问题出发，牢固树立思维创新意识，推动体育教学的创新与发展。

本书从体育教学思维创新与运动实践探索研究的角度出发，一共分为七章。第一章介绍了体育与体育教学的相关概念；第二章对体育教学的思维创新进行分析与研究；第三章阐述了体育教学的发展与创新；第四章对体育教学与运动训练进行研究；第五章和第六章依次介绍了体育教学基础运动实践指导和体育教学球类运动实践指导；第七章对体育教学功能实现与创新应用的保障体系进行分析与研究。本书内容丰富，结构合理，旨在摸索出一条适合体育教育教学发展的科学道路，帮助体育工作者在实践中少走弯路，为体育教学相关人员提供一定的借鉴。

笔者在撰写本书的过程中，参考了许多关于体育教学方面的资料，在此向其作者致以诚挚的谢意。由于学识有限，书中不妥之处在所难免，还望读者指正。

目 录

第一章 体育与体育教学

第一节 体育概述

一、体育的概念和组成

(一)体育的概念

自从有人类以来,任何事物的产生和发展都是以社会需求为根本依据的。体育作为一种社会现象,随着人类社会的出现和演化而产生和不断发展。体育是人们根据生产和生活需要,遵循人体身心的发展规律,以身体练习为基本手段,为增强体质、提高运动技术技能水平、提升个人意志力和丰富社会文化生活而进行的一种有意识、有目的的社会活动,是伴随人类社会发展而逐步建立和发展起来的一个专门的科学领域。

体育萌芽于原始社会。原始人类依靠个体或群体行动采集野果、狩猎、捕鱼等获得各种食物,维持个体或群体的生存。他们的思想还停留在一种懵懂的意识状态,生活状态极为简单,生产工具极为简陋,这些活动还不是真正的体育,只能称为生活和劳动。在原始社会虽不复杂却极其艰苦的劳动中,竞技性和娱乐性是偶尔存在的,但体现出来的却不是体育的特征。因此,原始社会萌芽时期的体育,只能说是一种生活技能教育展示或传承而已。

体育虽然历史悠久,但"体育"一词出现得比较晚,19世纪末才由国外传入我国。其本义是指以身体活动为手段的教育,直译为"身体的教育",简称为"体育"。体育刚传入我国时是作为教育的一部分而出现的,主要是指身体的教育,是一种与维持和发展身体的各种活动有关联的教育过程,与国际上理解的体育是一致的。

随着社会的进步和体育事业的不断发展,体育的目的和内容都大大超出了原来的范畴,其基本概念也出现了广义和狭义之分。广义的体育是指以身体练习为基本手段,结合自然环境因素和卫生措施,达到增强体能、增进健康、丰富社会文化娱乐生活等目的的一切社会活动。体育对于促进身体的正常发育和发展、提高人们的心理健康水平、增强社会适应能力、培养全面发展的人才具有重要的作用。狭义的体育是指在学校教育环境中,以指导学生学习和掌握体育的基本知识和技能为基本方式,帮助学生形成体育锻炼意识、提高体育活动能力、增进身心健康的教育活动。体育既是教育的有效手段,又是教育的重要内容。

近年来,国内体育工作者对"体育"的概念进行了一些界定,比较趋于一致的是:"体育是以身体活动为媒介,以谋求个体身心健康、全面发展为直接目的,并以培养完善的社会公民为终极目标的一种社会文化现象或教育过程。"这一定义既说明了体育的本质属性——"发展体育运动,增强人民体质",又指出了它的归属范畴——教育内容的重要组成部分,同时也把自身从与其邻近或相似的社会现象中区别开来。

(二)体育的组成

体育一经产生便具有了丰富的内容,它的发展也不是孤立的,而是随着人类本身发展和社会交际需要形成的。生产力的发展和提高,以及科学技术的进步与应用,又为体育发展提供着良好的条件,使体育从发展之初到现在逐渐成为大家重视的现代体育,所以,体育被人们公认为"文明的窗口""国与国交流的使者""科学与进步的标志"。体育由学校体育、竞技体育和社会体育三部分组成。

1.学校体育

学校体育是学校教育的重要组成部分,也是国民体育的基础。为了实现教育、教养及发展身体的总目标,不同层次的学校体育按不同教育阶段,通过体育教学、课余体育训练及课外体育活动这三种基本组织形式,围绕增强体质这个主要任务,解决与之有关的各项任务。学校体育处在学校这个特定领域,实施内容被纳入学校总体计划,实施效果有相应的措施予以保证,从而与其他教育环节共同构成了一个完整的教育过程。

2.竞技体育

竞技运动"sport"源于拉丁语"cisport",其原本含义是"离开工作",通过一些有趣的游戏转移自己的注意力,使自己高兴起来。它强调了诸多的娱乐功能,是社会文化不可分割的一部分。随着社会的发展,强调竞技运动的竞赛渐渐成为主流。所以,虽然现代竞技运动还保留着游戏和娱乐的因素,但这些因素已经退到次要地位了。现代竞技运动具有以下特点。

第一,具有激烈的对抗性和竞赛性。它需要人类不仅付出身体上的努力,还有智力与非智力的激发和利用,这也是竞技体育最为突出的特征。

第二,竞技运动的竞赛一般都具有国际性,有明确且世界公认的竞赛规则。这些规则有史可查,具有公信力,因此,竞赛的结果也会得到认可。例如,一个国家在奥林匹克运动会的金牌榜上的排名往往能一定程度地说明其体育水平在世界上的地位。

第三,竞技体育往往以团体为参加单位,各代表团成员分工明确,为荣誉而战。它不再像单纯的游戏一样,仅仅是为了个人的消遣或娱乐,而是在很大程度上强调追求名利。

根据以上三个特点,我们可以这样概括:现代竞技体育已经超出了活动本身的意义,各国为赢得各类赛事投入大量人力、物力和财力。对于运动员和教练员来说,参加竞技比赛和获得成绩已成为他们日常生活中的主要压力和主要任务之一。

由于竞技运动的表演技艺高超、竞争性强,因此,体育比赛有相当的受众市场。有关足球、篮球、排球及田径、乒乓球比赛的录像视频和调查数据表明,体育项目的收视率会因大型赛事的到来而迅速提高。同时,竞技体育容易传播精神力量,如中国女排精神等,其在活跃社会文化生活、振奋民族精神、促进各地区人民群众之间的友谊和团结等方面有着特殊的教育作用。

3. 社会体育

社会体育又叫"大众体育"或"群众体育",它是随着体育事业不断发展而衍生出来的新的体育形式,是一种以健身、娱乐、休闲、医疗和康复为目的的体育活动,它最大的特点是具有全民参与性。我们常见的娱乐体育、休闲体育、余暇体育、养生体育或医疗体育均在此范畴之内。从世界发展趋势来看,社会体育作为现代体育发展的重要标志,无论普及程度还是开展规模大小,都不亚于竞技体育。随着全民生活水平的提高,全民体育意识和健康意识的日益增强,人们开始把健身器械引进家庭,并涉足保龄球、网球、台球、高尔夫球等消费较高的体育活动,远足、探险、自驾游等体育活动也在蓬勃发展。不仅如此,各种体育俱乐部、体育健身乐园、健康娱乐中心正如雨后春笋般涌现,吸引着大批体育爱好者。这些现象表明,我国社会体育已经进入了一个新的发展阶段。

进入 21 世纪,随着工业化、信息化和知识经济时代的到来,科学技术和生产力的发展都达到了人类社会前所未有的水平,体育的地位日益提高,发展体育已经上升为国家战略。体育不仅是现代生活的一种时尚,也是一种平衡人际关系的有效工具,还是一种具有凝聚力的民族文化,更是人们度过闲暇时光的理想娱乐方式,带给社会、家庭一种和谐与幸福。

二、体育的基本功能

体育课教学是大学教育中的重要组成部分,是实现我国大学体育目的、任务的主要途径之一。

体育之所以能够存在且不断发展,取决于体育本身的特点和社会的需要。体育的功能可以归纳为健身功能、教育功能、经济功能、政治功能、促进个体社会化功能、社会情感功能、娱乐功能等。

(一)健身功能

体育是通过身体运动的方式来进行的,它要求人体直接参与各种活动。这是体育最本质的特点之一,并且决定了体育具有健身功能。

1. 改善中枢神经系统,使人头脑清醒、思维敏捷

大脑是人体的指挥部,人体一切活动的指令都是由大脑发出的。大脑的质量一般约占人体质量的2%,但它所需要的氧气却由心脏总输出量的20%来供应,比肌肉工作时所需血量多15～20倍。参加体育运动,特别是到空气新鲜的大自然中活动,可以改善大脑的供血情况,增强大脑皮层的兴奋性和抑制性,使兴奋和抑制更加集中,使神经功能的均衡性和灵活性得到增强,使人体对体外刺激的反应更加迅速、准确,使大脑的综合分析能力得到提高,从而使整个机体的工作能力得到提高。

2. 促进有机体的生长发育,提高运动能力

从出生到大学阶段,人都处于生长期。所谓生长,是指由于细胞的繁殖和细胞间质的增加所形成的形体变化,它是人体量变的过程。而发育则是有机体各器官系统的结构逐渐完善,生理机能逐渐成熟的过程。

骨骼是人体的支架。骨骼的生长发育不仅对人体形态有重要影响,而且对内脏器官的发育,以及人的劳动能力和运动能力都有着直接的影响。骨骼的生长是软骨不断增生和骨化的结果,体育运动能刺激软骨增生,从而促进人的骨骼的生长。同时,经常参加体育运动的人还能使骨骼变粗,骨密质增厚,骨骼抗弯、抗折的能力增强。实验证明,通常普通人的股骨只要承受300千克的压力就会折断,而一个经常从事体育运动的运动员的股骨则可以承受350千克的压力而不断。

人体的任何运动都是通过肌肉收缩来完成的,肌肉本身又是体现人体外形美的重要方面,发达而结实的肌肉还能提高劳动能力和运动能力。经常从事体育运动,可以改善血液供应状态,增加肌肉的营养物质,特别是蛋白质的含量,使肌肉纤维变粗,工作能力加强。一般人的肌肉质量只占体重的40%左右,而运动员的肌肉质量可以占体重的45%～50%。同时,运动还可以促使肌肉储备更多的能量,以适应运动和劳动的需要,提高运动能力和劳动效率。

3. 促进人体内脏器官的改善和机能的提高

体育运动能使人体内能量消耗增加,代谢产物增多,血液循环加速,从而使循环系统、呼吸系统、消化系统、排泄系统的功能得到改善,使主管这些系统功能的器官(心脏、肺脏等)在结构上发生变化。经常运动还能使心肌力增强、心壁增厚、心脏容积增大。在机能上,脉搏输出量增加,心搏频率就会减少,出现"节省化"的现象。肺的功能也会因运动而提高,肺活量增大,呼吸深度就会加大。

4. 调节人的情绪,使人朝气蓬勃、充满活力

从事体育运动能调节人们的情绪,使人心情舒畅、精神愉快。美国心理学家德里斯考(Driscoll)曾经对跑步进行过实验,发现跑步能成功地减轻大学生在考试期间的焦虑情绪。他还发现,有紧

张、烦躁等情绪的学生,只要散步15分钟后,紧张的情绪就会缓和下来,烦躁的心态就会松弛下来。

5.防病治病,延缓衰老,延年益寿

人作为生物体,从胚胎、生长、发育、成熟,直到衰老、死亡,是一个不可逆转的客观规律,任何人都不可避免地受这一规律的制约。但是,人体的发展变化可以向不同方向演变,在有利的条件下,如生活方式科学、合理膳食、合理作息等,是可以延缓衰老的;而在不利的条件下,人的衰老较快,甚至会未老先衰。

总之,体育运动的健身功能已得到了科学证实。经常从事体育运动能使青少年体格健全、体形健美、姿态端正、动作矫健、思维敏捷;能使中年人身体健康、精力旺盛;能使老年人延缓衰老、健康长寿。

当然,在提高健康水平方面,体育并不是万能的,但是没有体育运动也是不行的。体育必须与其他措施(如营养、医药、卫生等)相互配合,才能培养出更加完美、更加适应现代社会工作和生活所需要的人。

(二)教育功能

人的社会属性决定了人的社会化,体育是人在整个社会过程中至关重要的一环。由于体育运动是个体社会互动的场所,它在不知不觉中就促进了个体更好地社会化。

由于体育竞赛具有群众性、国际性、技艺性和礼仪性等特点,因此变成了传播价值观的理想载体。人们总是能够从体育中得到振奋的精神力量,从而和社会、国家保持一致,这使得体育竞赛往往具有超越本身的价值,产生不容忽视的教育作用。比如在国际比赛中,运动员必须按规定佩戴所代表国家的鲜明标志,竞赛规则又规定比赛结束颁奖时,要升国旗、奏国歌,这就更增强了体育竞赛的国家意识。一场重大的国际比赛,能引起世界各国瞩目,获胜的国家往往出现举国狂欢的景象。特别是随着国际性通信网络的发展,体育运动更发展为一种富有感染力、易于传播的精神力量。由此可见,体育运动的教育作用是十分广泛、非常深刻的。

(三)经济功能

今天,体育运动的经济功能已经被我国广大人民群众理解和接受。当前,在国际上,一些经济发达的国家和地区非常重视发挥体育的经济效益。体育运动经济效益的实现主要有以下途径。

第一,从大型比赛中获取收入,如出售体育比赛的电视转播权、收取体育赛事的广告费、发售体育彩票、发行纪念币、门票收入等。

第二,在日常体育活动中增加收入,如提供带有体育设施的健身房、娱乐场所等。

第三,获得国家、企业或个人的赞助,以及提供国际重要赛事的运动器械、服装等物质产品的赞助等。

(四)政治功能

体育运动具有明显的政治功能,主要体现在以下几个方面。

第一,为国争光,增强民族自信心和自豪感,提高国家声望,振奋民族精神。国际体育竞赛不仅是国与国体育运动实力竞争的舞台,也是展示一个国家的政治、经济、文化水平的窗口。因此,比赛的胜负关系着国家的荣誉,世界各国无不重视体育运动的政治意义。

第二,为国家外交服务。体育可以突破语言和文化的障碍而进行,所以,人们把体育看作一种为外交活动服务的文化交流工具。

第三,促进国内政治一体化。所谓一体化,就是使人同集体达到和谐的联合,成为一体。这个集体,小至一个班、一个队,大至一个民族、一个国家。体育是促进一体化的有效手段。

　　体育运动有一种内聚力,可以增强一个团体的向心力,促进团结。体育运动是联合各民族的纽带,是沟通各阶层、各团体的桥梁,是构建和谐社会的重要途径。

(五)促进个体社会化功能

　　体育运动具有群体性、个体性特征,自然具有个体社会化意义。个体社会化,即人的社会化,是指生物意义上的人变成社会体系中的人的过程。人刚出生时,只是一个生物意义上的人,要成为一个社会体系中的人、一个社会群体所需要的人,就必须学习社会或群体的规范,知道社会或群体对他们的期待,从而逐步具有作为这一社会或群体成员所要求具备的知识、技能、态度、情感和行为等。

　　在人的整个社会化过程中,体育运动起着非常重要的作用,不论是作为内容还是作为手段,体育运动都是不可缺少的。体育运动具有促进个体社会化的功能,具体体现在以下几点。

　　第一,教导基本生活技能。科学研究证明,人刚出生时的本能不如动物,适应环境的能力很差,连最简单的坐、立、走都不会。人的基本生活技能都是靠后天学习与练习获得的。体育运动是培养这些技能的主要手段和途径之一。比如,医护人员给婴儿做被动体操,可以算是人出生后最初的体育活动。它既是一个发展身体的过程,也是为掌握基本生活技能打基础的教育过程。对于幼儿来说,体育游戏更是他们生活中的主要活动内容之一,能够促进他们的生长发育,增强他们的身体素质。他们在游戏中可以学会走、跑、跳、攀登、搬运等最基本的生活技能,从而提高自身的生活能力。

　　第二,传授文化科学知识。青少年需要学习的文化知识中,有关身体健康和体育运动的知识是十分必要和重要的内容。这些知识是青少年学会合理、健康生活方式的前提条件。在人们的社会化过程中,有必要在童年时期就让他们懂得什么才是健康生活,教他们学会合理且有益的休息方法,并且通过传授这些知识,不断发展他们的精神需要,以培养他们享受人类所创造的物质文明和精神文明,提高学习、理解和享受这些文化财富的能力。

第三,培养社会规范,发展人际关系。体育运动本身是一个有章可循、循序渐进且有一定约束力的社会活动,又是在一定的执法人——教师或教练员的直接教育、辅导、监督下有组织进行的活动。因此,体育运动对培养年青一代遵守社会规范具有强化作用。

体育运动实际上也是一个社会互动的过程。在体育活动中特别是在激烈对抗的比赛中,个人之间、集体之间会不时地经受着品德和意志品质的考验。比如,3000米、5000米长跑到了疲劳"极点"时,是坚持下去还是半途而废;对方发生犯规时,是毫不计较还是"以牙还牙";篮球比赛时,集体配合不够默契导致比赛失利,是互相鼓励还是互相抱怨……这些都是自我教育或接受教师、教练员教育的良好机会,是学会处理人际关系、养成遵守社会规范习惯的一种强化、矫正的过程。

(六)社会情感功能

体育运动具有社会情感功能,而社会情感功能与人的社会心理稳定性直接相关。所谓心理稳定性,是指人的心理与社会相一致,或者说是人的社会心理平衡。在比较正常的情况下,社会群体内的个人需要基本一致。在心理平衡的内在作用下,人们能够努力工作,遵守社会规范,为社会做贡献。

体育运动的社会情感功能是其他社会活动所不能媲美的。一些重大的比赛,往往是多个国家和地区实况转播,观众数量达到十几亿或几十亿。相比之下,其他任何文学、艺术、娱乐形式,都无法达到同一时间内拥有如此众多的观众或欣赏者。体育运动独具一格的生动性特点,可以使人们在身体活动的实际体验中,对自己的健康、工作、生活和未来，充满着期待和信心，从而使整个民族朝气蓬勃、生机盎然。在不断调节社会心理平衡方面，体育运动起着"安全阀"和"出气孔"的作用。

（七）娱乐功能

我们每个人都面临着如何安排业余生活这个现实的社会问题。生活是丰富多彩的，健康文明的业余生活吸引着每个有志青年，如果科学合理地参与其中，不仅可以使人们在繁忙的劳动之后得到休息，还可以陶冶情操，愉悦身心，培养高尚品格，提升生活情趣。

体育运动由于技术的精确丰富性、造型的艺术性、配合的默契性和容易接受的朴素性，已经成为现代人业余生活的一个重要的组成部分，能起到丰富社会文化生活、满足人们精神需求的作用，我们称其为体育的娱乐功能。

体育运动的各种功能是一个整体，它的各种功能既各有侧重，又互相交叉，都不是完全孤立存在的。体育功能的实现是有条件的，不是自然而然的结果。例如，健身功能并不是参加体育运动的必然结果，如果违背了科学规律和原则，盲目地锻炼身体或训练，不仅对健康无益，反而会给身体带来损害。

三、体育与现代社会

人类进入现代社会，体育成为社会生活不可分割或不可低估的组成部分。也就是说，体育不仅与现代社会关系密切，而且体育运动对现代人有着不可忽视的意义。

（一）体育与现代社会的关系

体育以它的独特的方式磨炼人们的意志，完善人们的心智，提高人们的身体素质，陶冶人们的性情。从古至今，体育推动着人类社会不同程度地向前发展，逐渐成为现代化社会生活中一种积极健康的力量。体育像人体的血液,不断奔流,渗透到社会机体的各个部分,已经形成一种规模巨大、结构复杂的社会文化现象。

现代社会的发展趋势已经突出表现为市场经济与经济全球化在竞争中快速发展,科学技术高度现代化、信息化、数字化,生产劳动与自动化和效率化联系,人工智能制造与文明程度不断提高,物质生活愈加丰富快捷。科学技术在为人类提供着现代化的工作和生活条件的同时,又带给人们过多的心理刺激。人们如果不能适应现代社会生活的高品质和快节奏,就会在生理上、心理上出现许多不可名状的障碍,最后导致人体健康水平的下降。我们应该知道,现代社会使人们在尽情分享各种物质文明的时候,也会遇到不可回避的困惑或负面效应。这些都是娱乐休闲和身体锻炼太少、饮食营养过剩等综合原因造成的。很显然,要预防或消除这些对人类的伤害,人们必须有清醒的认识和自觉自律的、科学合理的行动,即充分认识体育运动在人类现代社会生活中的重要性。

大量事实表明,现代人类社会生活方式与体育运动有着密切的关系。

第一,体育已经成为很多社会成员生活方式中的一个重要内容。在科技和信息化迅速发展的今天,在人们生产劳动过程中,脑力劳动占据主要地位,起着主要作用,人们的体力劳动逐渐被脑力劳动代替,并且还有不断发展变化的趋势。这导致了人们在生产劳动过程中紧张程度的提高和工作压力的加大,人们日常生活和劳动中的体力活动大幅度减少,从而给人们的身体健康和生产劳动过程本身带来了诸多不利的影响。换一个角度说,因为现代社会的生产劳动方式需要人们有更丰富的专业知识和技术技能、更加健康的身体和更好的身体素质,以适应现代社会劳动和工作的需要,所以体育锻炼就成为现代人生活方式中的重要内容。

第二,现代生活方式的主要内容是体育运动。体育运动可以获得令人满意的个人与社会的认可,还提供了一个群体参与或共建的环境。未来的体育运动将以日益绚丽多彩的方式提供给人们工作和生活的情趣以及闲暇时光的快乐,增进人类的健康,努力保持人类作为生物物种的生存活力。

体育运动作为现代生活方式的有机组成部分,不但具有生活方式的综合性、多样性、多层次性,而且还具有指导人们实现健康快乐生活、培养适应环境变化的能力、提高生命质量的特殊功能性。

(二)体育运动对现代人的作用

1.体育运动的流行提高了生活质量

随着社会生产力的提高,机械化、自动化、人工智能制造代替了繁重的体力劳动。也就是说,自动化生产使工作强度降低,工作日时间缩短,余暇时间延长,人们在日常生活中的活动量减少。为了保持身心健康,适应激烈竞争的现代化社会,人们的体育运动意识在不断增强,体育运动逐渐成为人们自觉自愿的个体或集体的行为。

为了提高生活质量,人们开始寻求劳动和休闲生活的满意程度、劳动与日常生活的舒适程度、交往需求的和谐愉快程度、社会服务的满足程度等,也就是更为在乎自己的生活感受。现代社会中,体育运动不需要高精尖的设备、高规格的场地设施和专门的技术指导,只要能给人带来健康与快乐,就能流行或传播,就有人参与,从个人独立操作到多人共同参与,任何年龄、性别、职业和阶层的人都能选择符合自己社会地位和爱好的体育项目。

2.体育运动丰富了人们的余暇时间

没有体育运动,人的身心难以保持健康。现代人追求个体生命的价值或完整,他们不局限于一天八小时和一周五天的工作时间内发挥自己的智慧,还要在这之外有所作为,甚至经过不断追寻、实践而出彩。

体育锻炼和旅游、棋类、书法、绘画、摄影、雕塑等活动一样,使人们摆脱了以工作为中心的单调生活。工作之余参与户外体育活动,更能消除孤独感,恢复自信,缓解因工作而产生的紧张情绪,充实生活。面对大量的余暇时间,如何充分利用时间享受生活,用科学健康的方式来支配自己的生活,已经成为越来越多人关注的问题。

体育以其独特的功能和便捷的方式逐渐渗透到每个家庭、每个单位。通过体育改变生活方式,提高生活质量,把更多的余暇时间投入体育中,已经成为一种生活时尚和新生活的概念。体育尤其是团体活动或集体组织的各项体育活动,为乐于运动锻炼和渴望结交朋友的人们提供了一个相互认识、相互学习交流的平台。通过体育锻炼,运动者广泛参与社会交际,同时,把体育运动中的团结拼搏精神、比赛经验转化到工作中去,也是一种启发、一种收获。体育运动不仅拓宽了生活空间,充实了生活的内容,还加大了运动区域,通过登山、攀岩、旅游等方式,使人们更加贴近大自然、热爱大自然,最大限度地激发自己的本能,抒发自己随遇而安、与自然和谐共处的心怀。

3.体育运动培养和提高人的心理品质和心理承受能力

体育运动是通过对人体神经系统和心血管系统的锻炼,提高人们对快节奏生活的应变能力和适应能力的。人们在参加体育运动时,既需要做好身体方面的准备活动,如拉伸活动,还要有较好的耐心和自制力。从事体育活动需要克服自身的随意性和惰性,不能忽视自身的身体状况而盲目加量,或者"三天打鱼,两天晒网",否则,难以达到某一活动项目的效果。同时,许多集体项目需要有团队精神,不能只有个人英雄主义,也不能只要是集体项目,就要搞"锦标主义"或"名利第一"那一套。在人际关系日益疏远的现实社会中,体育运动中的集体主义精神和处理人际关系的方式值得借鉴。

现代社会生活节奏越来越快,人们面对的是变化多端、丰富多彩的世界和各种各样的挑战,因此,人们心理负担加重,遭遇挫折和失败的概率增多。面对挫折和失败能否泰然处之,能否保持清醒的头脑或稳定的情绪,做情绪的主人等,已经是现代人成熟、坚强的标志。体育锻炼中的情绪体验强烈而深刻,成功与失败、进取和挫折并存,积极情绪和消极情绪的转变已成为常态,而且是很自然地出现在人们面前的,呈现着所有成功者的个性特征与丰富多彩的人生轨迹。体育运动有助于人们控制情绪,使人更为成熟;体育运动有利于提高人的社会适应能力,使人从容面对外界各种各样的竞争和挑战。

第二节　体育教学的概念与性质

一、体育教学的概念

体育教学是众多学科教学的一种具体形式,为了更深入地认识体育教学的概念,需要首先了解教学的相关知识,对教学的基本含义进行分析是认识体育教学的重要前提。

(一)教学的基本含义

教学是一种动态行为,是教学工作者对具体的学科或技能组合进行的一种有组织、有计划的教学行为。可以从宏观和微观两个方面对教学的含义进行分析。

从宏观角度分析,教学是一种特殊的教育活动,它是指教学者以一种或多种文化为对象,对受教者进行教育,以期让受教者获得这种文化的活动。其中的教学者是掌握某种知识或技能的人,他与接受教育的人共同构成教学的主体。

从微观意义上讲,教学是一种直观的教师进行教授和学生进行学习的活动。在这个活动中,教师是教学的引导者,是教学活动的组织者和知识传授者;学生是教学的"受众"和主体。简而言之,教学是一种以特定文化为对象的"教"与"学"的活动。

综上所述,教学是一种教育活动,这种活动需要教师和学生的共同参与,并为了实现某一具体的教学目标而相互协作。

(二)体育教学的概念分析

与其他形式的教学一样,体育教学同样需要系统的组织与管理,但是,与其他学科教学不同的是,体育教学对教学环境的要求更高,所需器材和教学场地更加严苛。因此,体育教学并不是一种随意的、随心而行的教学活动,更不能将其等同一种课余的休闲娱乐活动,它需要很多要素的构成才可以正常、合理、科学地开展。

从本质上来讲,体育教学主要在学校环境中进行,主要参与者是体育教师和学生;具体的活动内容为学生在教师的组织和指导下,对体育相关的基本知识、体育运动技能、体育运动素养进行了解、掌握和提高;教学的目的在于促进学生身心健康发展,完善学生的个性心理特征,提高学生的社会适应能力,使之成为社会需要的人才。

体育教学过程中,体育教师应在充分认识和理解体育教学概念的基础上,将教学的概念与体育相关知识相结合,从而形成新的教学内容与教学方法。

二、体育教学的性质

性质是决定事物本身与其他事物的最根本的区别,性质不同的两种事物其带来的表象自然有一定的区别。体育教学和其他学科教学的最根本的区别就在于它本身所具有的体育教学性质,这种性质使其具有以下特征。

第一，体育教学的教学地点多为户外。

第二，教学中师生都要承受一定运动负荷与心理负荷。

第三，教学过程是身体活动与思维活动的结合，并且还有比较频繁的人际交往。

第四，体育教学侧重发展学生身体时空感觉以及运动智力。

第五，教学更加关注学生自我操作与体验等。

现代体育教学最重要的教学形式就是体育运动技能的教学，它是体育育人的主要方式。而对于运动技能的传授也是体育教学与其他学科教学的主要区别之一。在体育教学中，学生全面掌握体育运动技能，需要经过几个教学阶段（认知阶段、联系阶段与完善阶段）才能实现。具体来说，在体育运动技能的认知阶段中，学生与体育运动技能之间的联系最为密切，该阶段教学的主要目的就是学生对所学技能的结构、要素、关系、力量、速度等要素进行表象化的认识，从这一角度来看，体育运动技能仅仅是学生提高身体素质、完成技术动作的一种方法，因此可以认为，运动技术不具有人的特性，而只是一种"操作性知识"。

通过以上论述我们可以认识到，体育教学的本质就是一种针对运动技术和知识的教学，在体育教学中，学生学会了运动知识并将之转化为运动技能，体育教学的本质就达成了。

第三节 体育教学原则

一、体育教学原则提出的客观依据

原则就是指人们说话办事依据的准则和标准。在人类教育发展的过程中，人们通过总结各种教学实践经验，研究教学工作的成败,得出了教学成功的规律,提出了各种各样的教学原则。教学原则是依据一定的教学目的任务,遵循教学过程的规律而制定的对教学的基本要求,是指导教学活动的一般原理。教学原则来源于教学实践,是人们经过长期的教学活动,对教学客观规律进行的归纳和总结,它体现了人们对教与学的发展过程所反映出来的客观规律的认识。

体育教学原则是教师或专家在教学实践中经过长期的教学经验的积累,通过科学的研究总结上升到体育教学的理论。教学原则不是随意提出来的,它的提出主要有下面几点客观依据。

(一)体育教学目的是体育教学原则的重要依据

体育教学原则的制定和实施要依据一定的教学目的。体育教学就是要实现一定的教学目的,完成一定的教学任务。任何一个教学原则或教学原则的体系的提出,必须服从一定的教育目的。我国体育教学的目的,是使受教育者在德、智、体、美、劳全方面都得到发展,成为从事社会主义现代化建设的有用人才。这一目的从总体上规定了社会主义学校教学活动的发展方向和预定的发展结果,指导和支配着教学活动的各个方面。教学原则作为指导教学活动的基本要求,必须遵循和反映这一目的。

(二)体育教学原则是体育教学经验的概括和总结

体育教学原则的制定要依据体育教学实践经验。体育教学原则是长期体育教学经验的概括和总结。实践是检验真理的唯一标准,体育教学实践经验对体育教学原则的制定永远具有重要意义,它不仅是制定体育教学原则的依据,还是检验体育教学原则的标准。体育教学原则的正确性、实效性,不是由人的主观意愿来决定的,体育教学实践是唯一的检验标准,通过体育教学实践可以进一步修正、完善体育教学原则。人们在从事体育教学实践的活动中,不断探索出了成功的经验或失败的教训,对这些经验和教训我们要反复认识,不断地总结和完善,由感性认识上升为理性认识,经过抽象概括,对体育教学规律有所认识,从而制定体育教学原则。

(三)体育教学原则是体育教学规律的反映

体育教学原则反映的是体育教学过程的客观规律,它的提出必须以体育教学过程的客观规律为依据。然而,因为受很多因素的影响,人们对体育教学过程规律的认识又是不相同的。人类对体育教学过程规律的认识是逐渐接近的,而不是一成不变的,这些情况使得不同年代、不同教育家所提出的体育教学原则也不同,但都反映了人们对体育教学规律一定的认识水平。体育教学原则与体育教学规律的不同在于:体育教学规律是客观存在的,是不以人的意志为转移的,人们可以认识它或利用它,但不能制造它或消灭它;体育教学原则则不同,一方面,其固然要有对教学规律的认识,另一方面,其必然加进了制定者的主观意志因素。因此,研究和制定体育教学原则时,必须深刻认识和了解教学规律。

(四)体育教学原则的意义与作用

在整个体育教学过程中,体育教学原则是教学过程的出发点,它在一定程度上决定着体育教学内容的安排、体育教学方法的选择和体育教学组织形式的运用。体育教学原则确定之后,它对体育教学活动中的内容、方法、手段、形式的选择都有着积极而重要的作用。体育教学原则产生于人们长期的体育教学活动实践中,它本身凝结着众多优秀教师的宝贵经验。因此,科学地体会教学原则在人们体育教学活动实践中的灵活运用,对体育教学活动有效、顺利地开展,对提高体育教学活动的质量和效率都会有着积极的作用。

体育教学活动越是符合体育教学原则,体育教学活动就越容易成功;反之,体育教学活动越是脱离体育教学原则的要求,体育教学活动就越可能失败。但由于体育教学活动是在不断发展的,并且体育教学模式多种多样,不同的体育教学模式需要不同的体育教学原则与之适应,因而体育教学原则也处在不断变化与发展之中。所以,正确地理解和贯彻体育教学过程中的客观规律,对明确体育教学目的、选择与安排好体育教学内容、正确地运用体育教学方法、提高体育教学效果、加速体育教学进程、完成体育教学任务具有重要意义。

学习和掌握体育教学原则能使教师按照体育教学的客观规律组织体育教学活动,正确解决体育教学内容、体育教学方法和体育教学组织形式等一系列理论与实践问题。遵循体育教学原则进行体育教学工作,就能提高体育教学质量,达到预期的体育教学目标;如果违背了体育教学原则,则会事倍功半,甚至劳而无功。

二、体育教学原则体系构建

体育教学原则体系是指反映体育教学规律的多个原则不是孤立分散的,而是有机地相互联系的组合。只有建立一个科学完整的体育教学原则体系,才能发挥体育教学原则对整个体育教学过程以及体育教学活动的各个基本环节的指导作用。要取得体育教学的成功,就必须把整个体育教学原则体系综合地运用起来。体育教学原则的作用在于保证学生获得知识、技能和技巧,而这些原则又是相互关联、相互支持的,可以构成一套相对独立的体系。实际上,由于学生在学习过程中各种智力因素和非智力因素是相互联系的,形成了各自相对独立的体系,而体育教学原则正是在这个基础上制定的,因此必然会形成一套体系。

可见,体育教学原则既有共同性,也有特殊性,不同的学生应采取不同的体育教学原则体系。无论从哪个角度或出发点来提出体育教学原则体系,都必须突出体育教学的特点,体现体育教学特点的内容,这也是制定体育教学原则最为基本的要求。

（一）师生共同协作原则

所谓师生共同协作原则，是指体育教学活动中，体育教师在充分发挥主导作用的同时，还要充分调动学生学习的主动性和积极性，使体育教学过程完全处于师生协同活动、相互促进的状态之中。它的实质就是要处理好体育教师与学生、教与学的关系。师生共同协作原则是体育教学过程中教与学相互影响与作用规律的反映。教学是教师的教和学生的学相互作用的活动过程。在这个过程中，体育教师的活动与学生的活动只有朝着一个共同的方向，相互配合、相互协调，才有可能取得比较好的体育教学效果，完成体育教学任务。体育教学实践中要实现师生共同协作原则，须遵循以下几点要求。

1. 发挥体育教师的主导作用

体育教师应充分发挥在体育教学中的主导作用，在教学过程中要培养学生的学习兴趣。师生活动的协同，不仅是体育教师积极地教，更重要的是学生能够积极地学，也就是让学生主动地参与和适应体育教学过程。体育教师必须教给学生学习的方法，培养学生独立的思维能力，使学生真正获得学习的主动权。在学生遇到问题时，教师要引导学生做出正确的选择或找到解决问题的办法，不能让学生放任自流。在体育教学过程中，体育教师要在传授知识技能的同时传授学习方法，根据体育课程的特点，教给学生学习的方法，可以向学生做出科学学习方法的示范，还可以在课后定期召开学习经验交流会，使学生学到有效的学习方法。体育教师要想很好地发挥主导作用，就必须具有较高的素质，以高质高效的工作去满足社会和学生的需求，有能力、有水平、有方法、有热情地去组织实施体育教学活动。所以，体育教师必须提高自身素质教养，这样才能在体育教学过程中对学生进行很好的教育，使学生懂得更多的知识。

2.调动学生学习的积极性和参与意识

教学的启发性表现在采取有效的方式激发学生学习的积极性,引导学生自己解决问题。在体育教学中,教师通过启发性的提问、正误对比的示范、做动作前的想象回忆,以及组织学生互相观察、互相帮助,鼓励学生完成动作时进行自我评定和自我调节等措施,促进学生积极思维,提高学习的自觉性。要想知道体育教师在体育教学中对学生的启发教育工作做得如何,就看他在教学中是否善于引导学生开动脑筋去思考问题,学生是否主动地去学习。

体育教师在教学中的主导作用是否发挥得好,主要看教学是否充分尊重了学生的主体地位,是否充分调动了学生的主动性,是否积极地鼓励学生参与教学活动。在体育教学中,教师要着重培养学生的独立性和创造性,培养学生独立解决问题的能力和创造性地运用所学的知识、技能、技术的本领。所以,体育教师在课堂中要引导学生敢于提问题,善于提问题,学会用多种方法解决同一问题,从而使学生的思维得到锻炼。

3.依据教学任务确定教学内容

体育教学要想激发学生的主动性和积极性,教学内容和要求就必须符合学生的实际需要和兴趣。教学内容过难或过易,标准过高或过低,学生无法完成教学任务或很容易就完成了教学任务,这些都会影响到学生的积极性和主动性。体育教师应该根据学生的具体情况和教学任务来确定教学内容,在教学中制定符合学生实际情况的参照标准。有了参照标准,教师就可以对不同的学生进行正确的评价、估计,不断激励学生,使其努力达到标准,让学生有成就感,从而增强学生的信心,有效地激发学生学习的积极性和主动性。

4.培养学生对体育学习的浓厚兴趣

要使学生积极主动地参与体育学习,完成体育教学任务,前提是学生对体育学习感兴趣。如何培养学生对体育学习的兴趣,就需要体育教师在教学实践中善于发现学生学习的特点和心理倾向,这个问题还有待进一步研究。

首先,通过体育教学活动使学生不断有新的进步,从而获得成就感,即获得成功的体验。一个人在实践中对某一事物产生兴趣,往往是在取得了进步或成功,受到鼓励或赞赏并获得满足感后而逐渐形成的。为此,体育教师应努力使学生具有良好的学习状态,树立学生学习的信心,使他们看到自己的进步。

其次,学习的兴趣与学习的动机是相互关联的,有的学生通过考核取得了好成绩,就会表现出对学习的主动性和积极性。如果学生通过努力取得了更大的成功,获得了鼓励和赞赏,再通过教师的正确引导和帮助,就可能会使兴趣得到巩固和提升。所以,在体育教学中教师要注意培养学生的学习兴趣,使学生的兴趣和正确的学习动机结合起来,逐渐对体育学习产生更大的兴趣和爱好。

(二)因材施教原则

因材施教原则要求体育教师在教学中从实际出发,根据不同对象的具体情况,采取不同的方法,进行不同的教育,使每个学生都能在各自原有的基础上得到充分发展。在教学中教师要正确理解和重视因材施教原则,并贯彻好因材施教原则,杜绝用一个固定的尺度去衡量所有学生,抑制了学生个性的发展。体育教学中贯彻因材施教原则时,要遵循以下几点要求。

1.深入细致地了解学生

在体育教学中要贯彻因材施教原则,教师必须研究和了解学生,这是整个教学的根本出发点,也是因材施教原则的前提条件。教师研究和了解学生,就是要弄清每个学生的兴趣、性格特点、学习态度、知识基础、健康状况、家庭背景等。教师可以通过问卷调查、查阅资料和咨询等方法对学生进行细致的了解,找出每个学生存在的个体差异,并对这些个体差异进行全面的分析,在此基础上考虑区别对待的对策。对于学生的个体差异,教师要区别对待,要用发展的眼光看问题,要具体情况具体分析。

2.因材施教与统一要求相结合

统一要求是指按照国家统一规定的教育目的、教学计划来进行教学。教学要达到国家所规定的基本要求就必须按照统一要求来完成教学任务。体育教师要教育和要求学生正确处理好体育学习与发展个人兴趣、爱好、特点的关系,使他们能够按照国家的统一标准努力学好课程知识。在实施统一要求的同时,教师再根据个别差异进行重点指导,使学生充分发挥个人的特长。有了统一要求,体育教学才会有共同的标准规格,才不会降低教学水平;教师做到了因材施教,才能有效地使学生得到充分发展。

3.正确对待学生个体差异

每个学生的身体素质、心理特点、兴趣爱好、知识掌握的程度等方面都有可能存在差异,这些差异在体育教学中的影响是相当复杂的。一个学生可能在某些方面会表现出长处,而在另一方面则会表现出短处,或者在其他方面存在着差异。比如在思考问题上,有些学生思维敏捷,反应较快,善于逻辑推理;有些学生则可能反应比较迟钝。这些差异的形成原因是多方面的,有的是个性特点的表现,也有的是学习上的成败体验造成的。体育教师必须对学生表现出的差异特点进行全面而具体的分析并区别对待,避免给体育教学带来负面影响。同时,体育教师要明白,这些个体差异具有不稳定性,某一方面的短处在一定条件下是可以转化为长处的。所以,教师要用发展的眼光看问题,正确看待个体间的差异,引导学生互相帮助、互相学习、互相评价等。学校可以通过开展一些活动,使师生养成正确对待个体差异的意识。

4.通过各种教学形式创造因材施教的条件

在体育教学活动中,教师要采用多种教学组织形式来进行因材施教,根据不同类型的学生采取有针对性的、灵活多样的措施。对身体条件和运动技能比较好的学生,教师不仅要发现他们,更重要的是要采取有效的措施精心培养他们,为他们进一步发展创造良好的条件和提出更高的要求;对身体条件和运动技能比较差的学生,教师可以单独给他们补习功课,给予特别的关怀和照顾,并深入研究他们的心理活动特点,从实际出发,制定一套适合他们情况的教学措施。另外,体育教师还要针对不同的学生制定不同的教学形式,提出不同的教育措施。教师应通过多种教学形式使全体学生都能有进步,使每个学生都能体验到学习和成功的乐趣。

(三)促进身体健康与全面发展原则

体育教学的首要任务就是要促进身体的健康,帮助学生实现全面发展。"健康第一"是体育教学最重要的思想,体育教师要把增进学生身体健康与学生的身心全面和谐发展有机地统一起来,把传授体育知识、技能、技术与培养能力、发展个性统一起来,全面实现体育教学目标。体育教学就是通过身体的练习促进学生身体各器官机能的发展,提高身体健康水平,达到强身健体的目的,使学生有充沛的精力完成各项教学任务,并为终生体育奠定基础。有了健康的身体,才能更好地发展感知、观察、判断、想象等能力和创造性思维,才能养成健康的情绪和情感、良好的行为习惯、高尚的道德情操,从而使身心各方面都得到和谐发展。在体育教学中要贯彻促进健康与提高学生整体发展的原则,须遵循以下几点要求。

1. 全面贯彻教学大纲提出的目标和要求,发挥好体育教学功能

体育教师要认真学习、掌握体育教学大纲精神,把"健康第一"的精神作为指导。在贯彻教学大纲精神的同时,教师还要注重基本理论知识的教学,让学生从书本上学到更多的知识,了解健康的

价值,以便更好地实施体育实践活动。教师要加强学生的心理健康教育,教育学生热爱生命,增强身体健康,适应社会各种环境,增强心理承受能力和遇到挫折时的承受能力。

2.通过体育基础知识的学习,使学生学会自我学习

体育与健康的基础知识在体育教学中起着重要的作用。通过理论知识、基本技术、基本技能的教学,促使学生主动地学习,使学生学会学习,学会自我锻炼、自我评价,学会科学的锻炼方法,这样学生就能够在良好的学习氛围中快乐、主动地进行学习,为身心健康、全面发展和终身体育奠定基础,从根本上学会学习、学会做事、学会做人。

3.体育教学必须通过各种方法促进学生身体各部位全面健康发展

体育教学活动就是要在提高基本技术、基本技能的基础上,促进学生身体各部位、各器官、各系统的机能和基本活动能力的全面发展。人体是在大脑皮层统一调节下的有机体,尽管身体任何运动都是相互联系、互相制约的,身体上某一运动器官的活动,都会对其他部位生理机能有促进作用,但是如果经常进行单一的身体项目,偏于某个部位或某一器官的活动,就会造成身体某些部位的畸形发展,影响整个身体的全面健康发展。因此,体育教学要注重运用多种教材、多种手段、多种方法,有计划地对学生身体进行科学、全面的训练,系统地提高学生的身体素质,使学生身体均衡、健美、健康地发展。

4.教学计划应结合体育教学促进学生身心全面发展

体育教师在制订体育教学计划时,应结合体育教学,把促进学生身心全面发展贯穿整个教学过程,使学生得到全面锻炼;合理安排各项教材内容,结合各教材内容的特点,相互弥补各教材内容的缺陷,以使学生更好地进行练习,使学生身心得到更好的发展。体

育教学具有很多特点,它还会受季节、场地器材、气候等不同条件的限制。因此,仅仅通过短时间的教学,就达到全面锻炼的目的是不现实的,只有把长时间的教学看作一个完整的过程,才能做出合理的、全面的安排。一个完整的教学过程是由每一节课组成的,所以,教师必须重视每一节课的教学安排,使教学内容尽量全面。

5. 在体育教学的各个阶段注意促进学生全面和谐发展

在体育教学中,体育教师制定教学任务、选择教学内容和运用各种教学手段与方法时,都应注意增进学生健康,并促进学生全面和谐发展。体育课的活动包括身体各部分的活动,既要能提高身体素质,又能促进身体各部位的发展,还要有针对性地安排某些身体素质的内容,这样才可以弥补基本教材对身体全面发展的不足。

(四)适量性原则

适量的身体运动负荷原则是指在体育教学活动中,根据体育教学的特点,合理安排学生能够接受的生理负荷和心理负荷,使练习与间歇合理交替,使机体不断适应新的负荷的刺激,以满足学生锻炼身体和掌握运动技能的需要,达到增进健康、增强体质的目标。在体育教学中要贯彻适量的身体运动负荷原则,须遵循以下几点要求。

1. 适量的身体运动负荷要遵循体育教学的目标

适量的身体运动负荷的最终目标就是锻炼身体和提高运动技能,只有科学地安排运动量,才能更好地实现教学目标。合理安排身体的运动量对实现体育教学目标起着决定性作用,教师不能忽视运动对教学目标的影响,更不能一味地追求相同的运动量或大运动量,教师要让学生意识到这一点,并合理地安排身体的活动量。

2. 通过科学的教学方法合理安排适量的身体运动负荷

体育运动项目及练习的方法多种多样,有的运动量大,有的运动量小,有的运动强度大,有的运动强度小。因此,在设计体育教学内容时,要考虑到运动量的问题,以进行科学合理的搭配和必要的教材改造。教学过程是一个不断学习发展的过程,教材的各个阶段有着不同的任务和特点,因此,教师要根据教学过程不同阶段的特点来合理地安排运动量。

3.适量的身体运动负荷要符合学生的身体发展状况与发展需要

适量的身体运动负荷是要让学生科学地进行身体锻炼,既满足学生身体发展的需要,又体现对学生身体的无害性,而这些都决定了学生的身体发展情况。教师要想合理地安排学生身体运动负荷,就必须了解学生的身体发展各个阶段的特点,了解学生身体发展的科学原理,了解各项运动的特点。

4.要因人而异地安排适量的身体运动负荷

每个学生承受的能力不相同,同样的负荷可以产生不同的负荷效果,不同的负荷也可以产生相同的负荷效果,所以教师应考虑学生的整体情况,掌握学生的体质状况,根据所了解的学生身体的强弱等具体情况来因材施教地安排适量的身体运动负荷。

(五)直观性原则

直观性原则是指在体育教学过程中,充分利用学生的多种感官和已有的经验,积极引导学生感知事物,使学生获得直接经验和感性认识。

1.用直观的语言启发学生的积极思维

在体育教学中,教师要用生动的语言进行讲解、描述,用语言帮助学生对知识进行重新组合,构成新的表象或想象,这就要求教师用生动、直观的语言进行讲解,用通俗易懂、丰富有趣、生动形象的比喻把学生的运动经验和生活经验结合起来,使学生明确动作要点,更好地掌握运动技术技能。

2.运用各种方式进行直观教学

在体育教学中,为使学生更形象、更生动地进行运动技术技能的学习,教师要充分利用各种方式进行直观教学。例如,对摄影录像内容或图片进行动作分解,通过学生的感觉器官,使学生迅速建立起对动作的生动形象,了解动作技术细节,以及动作的时间、空间关系,以提高学生运用各种感觉器官对运动进行综合分析的能力。

第四节　体育教学过程

一、体育教学过程的层次

体育教学过程大体上可以分为以下五个层次。

(一)超学段体育教学过程

也可理解为是总的体育教学过程,它是学生在国家规定下需要接受地从小学阶段开始,直到大学毕业的体育教学过程。这一教育过程主要包含了九年义务教育、高中阶段教育、高等教育等几个教育阶段,所以,可以认定为体育课程教学的总过程。

(二)学段体育教学过程

如小学阶段(1～6 年级)的体育教学过程、中学阶段(7～9 年级)的体育教学过程。

(三)学年或学期体育教学过程

如小学五年级的体育教学过程、初一上半学期的体育教学过程。

(四)单元体育教学过程

如 8 学时的跨栏单元教学过程、30 学时的篮球单元教学过程。

(五)课堂体育教学过程

从上体育课开始到体育课结束的 40(或 90)分钟的体育教学

过程。

二、体育教学过程的性质

(一)体育教学过程是学生对运动技能进行掌握的过程

从本质上来讲,体育课程的教学就是在身体练习不断反复开展的过程中,使学生能够对运动技能进行掌握,同时,在掌握运动技能的前提下接受其他方面的养成教育,因此,我们可以将体育教学过程理解为学生对运动技能进行掌握的过程。

(二)体育教学过程是使学生运动素养提高的过程

对运动技能进行掌握的前提就是使运动素质得到提高,同时,还要使大肌肉群的运动素质得到有效提高,运动技能与运动素质提升之间是互相促进的。所以,体育教学过程可以理解为使学生的运动素质得到不断提高,且以此能够使学生体能得到增强的一个过程。在体育教学活动开展的过程中,教师在重视学生掌握运动技能程度的同时,还应该对学生运动素质的提升给予一定关注,并且,在对体育教学进行设计、对体育教学进度进行安排、对体育教学内容进行选编的过程中,要将运动技能与运动素质的提升紧密地联系在一起,保证二者的协调发展。

(三)体育教学过程是知识学习、运动认知的形成过程

体育学科作为一门综合性课程,包含了自然学科与人文学科。在体育教学活动开展的过程中,不仅强调学生对运动技能的掌握,还会组织、安排学生对其他知识进行学习,获得一定的运动认知。在某些时候,这也是运动技能掌握与运动素质提高的重要前提条件。所以,体育教学过程也是对体育知识与运动认知进行掌握的一个过程。

(四)体育教学过程是集体学习与集体思考的过程

体育教学的教学形式主要以"**集体学习**"和"**小集体学习**"为

主,之所以这样,原因在于绝大部分的体育运动项目的完成都是通过集体形式或者小集体形式,所以,也应该在集体学习与集体思考的过程中完成体育技能的学习。此外,现阶段的体育教学目标更加倾向学生的集体学习,旨在使集体教育的潜在作用能够得到充分的发挥。同时,在体育教学中,集体学习与集体思考能够使教师与学生之间、学生与学生之间的沟通和互动得到加强,还能够促进学生社会适应能力与社会交往能力的提高。所以,对于体育教学过程,也可以认定为开展学生集体学习与集体思考的一个过程。

三、体育教学过程的规律

所谓体育教学过程的规律,主要指的是在体育教学的过程中或者是现象之间会有本质的、必然的联系存在,而这种联系能够将体育教学发展的特点体现出来。

1. 动作技能形成的规律

体育教学的最终目的是使学生学习并掌握一定的运动技能。而事实上,掌握运动技能的过程并不是单纯的从不会到会、从不熟练到熟练的发展过程。动作技能的形成会经过三个阶段:对动作粗略掌握阶段、对动作改进与提高阶段、巩固与熟练运用动作阶段。

2. 动作技能迁移规律

从学习理论的角度来讲,迁移是指一种学习情境对另外一种学习情境产生的影响。而我们这里所说的动作技能的迁移,就是指已经形成的动作技能对于所学习的新动作技能存在的影响。如果存在的影响是积极的,那么我们会把这种具有促进作用的迁移称作正迁移;如果存在的影响是消极的,那么我们就会把这种带有负能量的迁移称作负迁移。

在体育教学开展的过程中,迁移的现象是普遍存在的,同时,迁移规律对于体育教学过程还存在一定的影响，尤其是对于动作技能形成的影响更加明显。如果没有通过迁移，就不能够使已经形成的动作得到进一步的熟练、检验与充实。迁移的重要基础是已经拥有的知识技能，作为重要的环节，从掌握知识与技能向形成技能过渡，因此，"为迁移而教"的思想被人提出。

3.人体机能适应性规律

在体育教学开展的过程中，学生积极地参与身体活动与反复练习，长此以往，体能的消耗导致身体疲劳与身体技能水平下降的情况出现。事实上，疲劳的过程也是使恢复得到刺激的过程，能够促进能量储备的加强，使超量恢复得以满足，使机体的适应能力得到提高。

因此，在体育教学开展的过程中，学生对于负荷的刺激要进行一定的承担，使新陈代谢与机体能力提高的过程得到促进。教师在开展体育教学的时候，为了能够使学生的机体能力得到提高，最应该要做的就是对负荷和休息合理地进行安排。由于运动负荷与人体新陈代谢能力不同，超量恢复也会出现一定的改变，在一定的范围中，如果肌肉存在较大的肌肉活动量，那么也就会存在较为激烈的消耗过程，进而就会出现更加明显的超量恢复，而一旦产生了机体适应性的变化，那么学生的体质也会有所改善。

（1）工作阶段

在这一阶段，学生对一定的运动负荷进行承担，即身体练习的强度与量，对机体的潜在能力进行动员，加强身体内部的异化作用，将会消耗掉能量储备。

（2）相对恢复阶段

在这一阶段，经过了休息与调整以后，身体的各项机能指标向工作之前的水平恢复。

（3）超量恢复阶段

在这一阶段，通过能量的补偿与合理的休息，物质储备与能量储备远远多于原本拥有的水平,进而使机体的工作能力得到提高。

（4）复原阶段

如果经历的间歇时间较长的话,那么超量恢复阶段的效果就会失去,导致机体的工作能力慢慢降低到原本水平。

四、体育教学过程存在的主要矛盾

在体育教学过程中,主要存在三种矛盾,分别是:①体育教师的教同学生的学之间的矛盾;②体育教师同教材之间的矛盾;③学生同教材之间的矛盾。在这三种矛盾中比较显著的就是体育教师的教同学生的学之间的矛盾。究其原因,主要是因为体育教学从本质上来讲,就是体育教师对学生学习进行指导的教学活动过程,在体育教学开展的过程中,教学内容或教材发挥着对体育教师的教与学生的学进行连接的媒介作用。

在体育教学过程中,体育教师与学生是两个重要的主体性因素,因而导致体育教师的教与学生的学之间双边互动的矛盾关系得到构成,并且在体育教学过程中,这一矛盾是始终存在的,同时,还能够对其他矛盾的存在与发展起到一定的支配作用,从而作为原动力,促进体育教学过程的发展。

五、体育教学过程的功能

体育教学过程从根上来讲,就是认识与实践之间统一、协调发展的一种活动过程,这一过程的最终目标在于使学生的全面发展得到促进。换句话来讲,体育教学过程的主要功能在于使学生身心诸方面的和谐发展得到促进。对于体育教学过程的功能进行全面的认识与开发,能够使体育教学成为有效途径,以促进体育教学目标的更好实现。体育教学过程的功能主要会在以下几个方面。

（一）体育教学过程的教育功能

体育教学不仅能够增长学生的知识,使其能力得到全面发展,还能够熏陶、改变学生的思想情感、道德品质与精神面貌。在体育教学中,教师应该将教书与育人自觉地统一起来,充分发挥体育教学过程的教育功能,使学生思想品质与道德素养的发展得到促进。

(二)体育教学过程的知识传递功能

体育教师通过体育教学过程的开展,能够将科学文化知识与基本技能技巧系统地向学生传递。体育教学过程实际上就是体育教师有目的、有组织、有计划地培养学生的过程,因此,体育教学过程的知识传递功能能够高质量、高效率地发挥。

(三)体育教学过程的智能培养功能

在知识传授与技能形成的统一发展过程中,智能培养得以实现,知识、技能和智能三者之间的关系是非常紧密的,是互相促进、互相依存的统一体。首先,智力活动的主要内容就是知识;其次,对知识进行学习与应用的活动,本身就能够实现智力的锻炼与能力的培养;最后,形成技能可以使智力活动过程得到简化,使智力活动水平的提高更加迅速、经济、有效。

(四)体育教学过程的审美功能

作为教学艺术与教学手段,"美"的因素始终存在于体育教学过程中,并且在体育教学活动的各个方面都有存在。在"美"的多样形式下,学生顺利吸收"教"所要传递的各种各样的教育信息,同时,获得教学美的体验与享受,促进一定审美趣味、审美观念与审美能力的形成。

(五)体育教学过程的发展个性功能

发展个性的主要内容是对知识进行传授,对智能进行培养,促进技能的形成。在原有生理条件与经验背景的基础上,每一个学生都有可能形成独有的知识、智能结构与技能,同时能够对自己新的知识体系进行构建,从而为个性发展创造良好的条件。

需要注意的是,学生的个性发展还受到其他因素的影响,包括身体素质的健全,以及态度、情感、动机、意志、品德、思想、价值体系等。对于上述能够对学生个性发展起到决定性作用的因素,体育教学过程能够发挥积极的影响作用。

六、与体育教学过程有关的概念

(一)体育教学过程与体育教学模式

体育教学模式实际上就是单元和课时体育教学过程结构,是本着某种体育教学指导思想设计的教学过程类型,体育教学过程与体育教学模式是"抽象"和"具体"的关系。因此可以说,那些具体的、有特色的、长短不一的体育教学过程设计以及其中的方法体系就是体育教学模式。

(二)体育教学过程与体育教学设计

从本质上来讲,体育教学设计就是体育教师构想与安排体育教学过程,对于体育教学的任何一个过程而言,都有某一种体育教学设计存在其中,而体育教学设计是包含在体育教学过程中的工作。

(三)体育教学过程与体育教学计划

所谓体育教学计划,主要是指体育教学过程的设计方案。对于体育教学过程与体育教学计划而言,二者是一一对应的关系。例如:如果有学期体育教学过程,那么就会存在学期体育教学计划;如果有单元体育教学过程,那么就会存在单元体育教学计划;如果存在学时体育教学过程,那么就会存在学时体育教学计划;等等。

(四)体育教学过程与体育课堂教学

体育课堂教学是教学的场景,通常指一个课时的体育教学,也是作为时间基本单位的体育教学过程。而体育课堂教学的各项因素同体育教学过程之间都存在十分紧密的联系,都是体育教学过程的主要构成因素,同时,也是对体育教学过程进行观察的最佳视角。

第五节　体育教学评价

所谓体育教学评价,主要是指在体育课程中一般性教学评价的具体应用,同时也是体育课程教学的重要环节。要卓有成效地开展体育课程教学工作,真正实现提高学生综合素质的目标,就必须在实际教学中贯彻新的教学理念,利用新的教学方式和丰富的、与实际社会生活相配套的体育课程内容来进行教学,而所有这些都需要有与之相对应的教学评价配合。因此,只有对当代体育课程的教学评价有较深入的了解,树立全新的教学评价观,充分发挥其在体育课程教学中的向导作用,才能更好地促进新课程改革背景下体育课程的教学工作。

一、体育教学评价的内涵

(一)教育评价

评价是客体对主体需要被客体满足程度的一种判断,属于价值活动。通过评价,学生能够不断地学习、进步、成功,充分认识自我,使能力的全面发展得到促进;根据反馈的信息,教师可以适当调整教学管理方式,并且使自身的教学能力得到提高。

教育评价涉及的范围很广泛,主要是指在教学目标和标准的基础上对学生和教师进行具体调查,评价优缺点,使其进行改进。我们可以粗略地将教育评价分为学生评价、教师评价、教学评价、课程评价、学校与教育机构评价、教育政策与教育项目评价等。

(二)体育教学评价的概念

所谓体育教学评价,主要是指从体育教学目标与体育教学的原则出发,判断、评估体育教学的过程以及所取得的成果。从体育教学评价的概念中可以得知,它主要包含三个基本的含义。

1.体育教学评价的开展需要从体育教学目标与体育
教学原则出发

体育教学目标作为一种评判依据,可以测试体育教学预先设
定的成果是否已经实现,预期的任务是否已经完成;而体育教学的
原则作为一种评判依据,可以测试体育教学开展的合理性及其是
否能够满足体育教学的基本要求。需要注意的是,这两个评价依
据,在具备一定规范性与客观性的同时,还具备教育评价的信度与
效度。

2.体育"教"与"学"的过程和结果是体育教学评价的对象

体育教学评价主要将体育教学过程中的受教育者——学生作
为重点对象,主要包含了对学生学历水平与品德行为的评价。此
外,体育教学评价也会评价教师的教学,主要包含对教师教学水平
与师德行为的评价。

3.价值判断与量评工作是体育教学的工作内容

价值判断属于质性的评价,一般是指对体育教学方向的正确
性与体育教学方法是否得到贯彻进行评价;量评工作属于量性的
评价,一般是指对可以量化的学习效果进行评价,如身体素质的增
长、掌握技能的数量等。

二、体育教学评价的功能

(一)导向功能

由于不同的评价标准会得出不同的评价结果,因此评价标准
像一根"指挥棒"一样起着导向作用。评价之后的反馈指明了体育
教学决策与改进的方向,如果做法获得肯定,那么在体育教学过程
中将会对其进行强化;如果做法被否定,那么就需要对其进行纠正
与改变。

（二）诊断功能

通过体育教学评价，体育教师对于体育教学的质量可以进行科学、客观的鉴定，了解体育教学的成效和问题。体育教学评价就像是体格检查，能够科学、严谨地诊断出体育教学的现状。全面性的体育教学评价能够对于学生成绩、实现体育教学目标的程度进行评估，同时还能够帮助教师对学生学习困难的症结所在进行诊断，对学生学习进步的提高做出一定协助。

（三）调控功能

体育教学评价的最终结果是将反馈信息提供给体育教师与学生，使他们能够及时了解教与学的情况，为体育教学活动内容与形式的调整提供根据。根据体育教学评价的最终结构，教师可以对体育教学计划进行修订，对体育教学方法进行改进；而学生可以对学习策略进行调整，对体育教学方式进行改变。体育教学评价使体育教学过程向反馈与调节随时可以进行的可控系统的转变得到促进，使体育教学活动同预期目标越来越接近。

（四）激励功能

在体育教学的整个过程中，体育教学评价发挥的作用是监督与控制，是一种对体育教师与学生的强化与促进。通过体育教学评价，能够将体育教师的教学效果与学生的学习成绩反映出来，激发体育教师的工作热情与学生的学习动机。如果体育教学评价是科学的、合理的，那么不但能够使体育教师与学生得到心理满足与精神鼓舞，而且能够使体育教师朝着更高目标努力的积极性得到激发。即便是较低的评价也能发人深思，使体育教师与学生的奋进情绪得到激发，使推动作用与促进作用得到发挥。这是因为这种反馈激励对于体育教师与学生的自我认识存在一定的帮助，进而使体育教学质量得到提高。对于体育教学评价的激励功能，应该有效利用,对学生尽可能地开展正面鼓励,避免学生积极性受到伤害。需要注意的是,在日常评估时应尽量避免学生之间的比较,要帮助学生设定个人进步目标,使他们在每次参与身体活动时,都能充分感觉到自身的进步。

三、体育教学评价的种类

(一)体育教学评价的分类标准

按照不同的标准对体育教学评价进行分类,可以进行多种情况的划分。

(1)根据不同的评价基准对体育教学评价进行分类,可以将其分为自身评价、绝对评价与相对评价三类。

(2)根据不同的评价功能对体育教学评价进行分类,可以将其分为总结性评价、形成性评价与诊断性评价三类。

(3)根据不同的评价内容对体育教学评价进行分类,可以将其分为过程性评价与结果性评价。

(4)根据不同的评价表达对体育教学评价进行分类,可以将其分为定量评价与定性评价。

这几种评价方式都存在不同的功能,且每一种评价方式都不仅仅存在自己的优势,还存在自己的不足。在评价体育教学设计方案的时候,应该按照体育教学实际的目标与需求对适当的评价类型进行选择。

(二)体育教学评价的类型

1.体育教学的绝对评价

体育教学的绝对评价主要是指按照体育教学的目标评价体育教学的设计方案、教与学的成果。此评价形式在被评价的集合与群体之外建立了体育教学评价的基准,针对某种指标对集合或者群体中的每一个成员同基准进行逐一对照，进而对其优劣进行判断。通常来讲，会将体育教学的课程标准、教学计划中的教学大纲、课程具体实施方案，以及相对应的评判细则作为评价基准。

体育教学绝对评价的优势是存在比较客观的评价标准。因此，在体育教学的评价过程中，如果能够恰当地使用此种评价方式，那么就能够保证每一个被评价者都能够对自身同客观标准之间的差距有所了解，以便他们能够不断努力向标准靠拢。此外，通过体育教学的绝对评价，体育教学的管理部门不仅可以对体育教学各项目标的完成情况进行直接鉴别，还能够对即将要开展工作的重点进行明确。但是体育教学的绝对评价也是存在缺点的，即在对评价标准进行制定与掌握的时候，容易影响被评价者的原本经验与主观意愿。

2.体育教学的相对评价

体育教学的相对评价，就是指将基准建立在被评价对象的集合或者群体中，然后逐一地将各个对象同基准进行对比，以便对群体或者集合中每一个成员的相对优劣进行判断。体育教学相对评价的基准是群体的平均水平，根据在整个群体中被评价对象所处的位置进行判断。体育教学相对评价的优势是具有广泛的适用范围，且甄别性强。也就是说，无论群体的整体水平如何，都能够将优劣对比出来。体育教学相对评价的缺点：由于群体的不同，其基准也会产生相应的变化，所以，容易导致评价标准同体育教学目标相背离。

3.体育教学的自身评价

体育教学的自身评价主要指被评价者从不同的侧面、过去与现在进行纵横比较，从而对自己各个方面的能力展开评价，对自身的进步情况进行确定。体育教学自身评价的优点在于能够对个性特点给予尊重,同时对个别差异给予重视。通过纵横比较被评价对象或者部分的各个方面或者各个阶段,对其现状与趋势进行判断。然而,由于具有相同条件的被评价对象没有与被评者进行比较,所以对其实际的水平与差异进行判断是很困难的。所以,在体育教学评价的实践活动中,选择评价形式的时候应该将相对评价与自身评价紧密地联系在一起。

4. 体育教学的诊断性评价

体育教学的诊断性评价也被称作前置评价。在开展体育教学的某项活动之前,如在前期分析体育教学设计的时候,应该针对学生的智力、态度、体能、知识与技能等方面的情况开展摸底测试,以便对学生的准确情况与实际水平进行了解,对其是否具备体育教学课程目标实现的必需条件进行判断,为体育教学决策提供一定的理论依据,保证体育教学活动同学生背景与需要的协同发展。

我们这里所说的诊断是一个存在较大范围的概念,不仅能够对缺陷和问题进行验明,还能够识别各种各样的优点与特殊才能。因此,体育教学针对性评价的最终目的是对体育教学方案进行设计,使起点水平与学习风格不同的学生的需要得到满足,同时,还要在体育教学程序中对学生进行最有益的安置。

5. 体育教学的形成性评价

在体育教学活动开展的过程中,形成性评价的不断进行是为了获得更好的效果。此种评价形式能够及时对阶段设计成果、阶段教学效果与学生的学习进展情况与存在的问题等进行了解,并及时做出反馈,从而对体育教学工作进行不断调整与改进。这种评价会频繁发生,如学习一个知识点之后的练习、提问,一个单元之后的技术评定,一节课以后的小测试。形成性评价是体育教学设计活动中的重要评价形式,一般应用在方案的试行过程中,主要的目的在于对该方案进行修改,对有利的证据进行收集。从体育教学质量提高的问题上来讲,对于形成性给予重视。

6.体育教学的总结性评价

体育教学的总结性评价也被称作"后置评价",通常是当体育教学活动结束一段时间以后,为了能够对体育教学活动的最终结果进行把握而开展的评价。例如,在学年末或者学期末的时候,体育教师会组织考评、考核,主要目的是对学生的学习结果进行检验,检验其是否达到了体育教学目标的要求。在体育教学的总结性评价中对体育教学过程中"教"与"学"的结果进行了强调,以便全面地鉴定被评价者所取得的重大成果,对等级进行区分,对体育教学整个方案的有效性做出价值判断。

7.体育教学的过程评价

在体育教学开展的过程中,针对教学目标实现的手段与方案开展的评价叫作过程评价。过程评价的主要目的是对目标达成的手段与方法的使用情况进行检查。例如,在完成某一个教学目标的过程中,游戏法与竞赛法哪一个效果更加明显;在某一个动作技能教学开展的过程中,究竟是完整法比较适合,还是使用分解法更好;对于某一种技能的学习,是由学生自己探索发现的,还是在同伴的谈论与协作下实现的。所以,过程评价的开展不是在体育教学过程中,就是体育教学设计的过程中。体育教学的过程评价不仅能够促进形成性评价的继续修改,还能够促进体育教学过程中费用、时间与学生接受情况等方面所做的总结性评价的完成。

8.体育教学的结果评价

针对体育教学活动具体实施以后产生的效果进行的效果评价,就是结果评价。例如,对于某一种体育教学方案的实施效果与某一种辅助性教学设施的使用价值所开展的评价即结果评价。体育教学的结果评价侧重总结性评价功能的发挥,同时将形成性评价的相关信息提取出来。

9.体育教学的定性评价

所谓的体育教学定性评价,主要是指针对评价资料展开"质"的分析,是对综合与分析、分类与比较、演绎与归纳等逻辑分析方法进行应用,对所获得的资料与数据开展定性描述的评价。一般会有两种分析结果出现:其一,描述性材料,存在较低的数量化水平,更为严重的是根据不存在数量概念;其二,同定量分析相结合而产生的,即包含数量化但以描述性为主的材料。

10.体育教学的定量评价

所谓的体育教学定量评价,主要是指针对评价资料开展"量"的分析,是对统计分析与多元分析等分析方法进行应用,对所获得的资料与数据做出定量结论的评价。鉴于体育教学中人的因素涉及范围比较广,因而使得各种变量及其互相作用具有复杂性特点,因此,为了能够将数据的规律性与特征揭示出来,应该由定性评价来规定定量评价的范围与方向。

四、体育教学评价的改革

体育教学评价的改革具有非常重要的意义,主要包含以下几个方面的内容。

(一)使评价学生应用单一锻炼标准的模式得到改变

绝大多数的体育教师可能都会遇到此种情况,即在体育教学课或者体育活动开展的过程中,一部分学生没有做出积极的表现。但是根据体育锻炼标准中的体育测试,凭借良好的先天身体素质就能够获得优异的体育成绩。这样即便不够努力也能够取得较好成绩的情况,对于那些身体素质先天较弱却一直积极参与的学生而言,是一个严重的打击。所以,改变评价学生应用单一锻炼标准的模式势在必行。

体育课的成绩应该不仅仅是一个方面的,如果评价的时候将锻炼标准作为唯一的评价方式是不够全面的。因此,按照体育课程评价改革的精神,对于新颁布的学生体质健康标准充分利用,不仅将其作为一种学生体质强弱测试的标准,还要将其作为一个学生进步程度的参考。例如,在学生刚刚入学的时候组织学生进行体质方面的一次摸底测试,并且在学生的个人档案中将测试的结果记录下来,保证每一学年开展一次测试,同时比较测试的结果,使学生体质提高的情况得到反映,这也将作为学生进步程度的一个评价内容。

(二)改变以教师为唯一评价执行者的评价体制,对学生进行多方位的评价

在传统的体育教学过程中,教师主导了评价活动,导致学生的地位一直是被动,甚至是毫无存在感的。作为体育教学活动的主导者,体育教师需要对学生的身体素质基础、运动能力状况进行了解,并且按照学生的学习情况与锻炼表现开展多种针对性的评价活动,进而使学生的积极性得到充分调动,促进体育课目标的尽快实现。伴随"水平目标"的逐渐设立,体育教师的教学任务在每一个阶段都会发生改变,因此,也要保证体育教学方式和方法的应用、体育教学内容的选择得到多样化的发展。教师在对评价内容进行设计的时候,可以从运动技能、运动参与、身体健康、心理健康与社会适应五个方面进行考虑。

(三)过程评价与结果评价相结合,使学生学习积极性得到提高

传统的体育教学评价主要针对学生的学习结果进行评价,重视学生在各项运动中取得的最终成绩,而对于学生整个学习过程的评价则没有关注。这会导致评价的有效反馈功能逐渐丧失,在激励学生学习、提高体育教学效果和改进体育教学方面并没有多

大的作用。

　　所谓的过程性评价,就是利用各种评价的工具与方法,对体育教学的各个方面进行经常性评定,同时还要及时地将结果反馈给学生,促使学生尽早发现发题。现阶段,教师不仅要调整体育教学评价的内容,还要在平时的评价中,对学生的练习过程直接进行评价。

　　此种评价方式的存在,不仅能够保证大多数学生认真、积极地对待整个体育学习过程,还能够有效防治一部分学生因先天身体素质条件良好而消极学习的情况,此外,还能够对那些先天身体素质差却很努力的学生进行有效鼓励。

第二章　体育教学的思维创新

第一节　思维创新概述

一、思维创新的内涵

（一）思维的含义

思维是人们探索客观事物属性、内在联系和内部规律性的有意识的活动过程，是客观事物属性、内在联系和内部规律性的反应。换言之，思维是人脑的机能，是主体人对客体对象的概括性和间接性反应，是主体联系客体的中介和手段，是主体加工处理客体的方法和工具。

（二）思维创新的含义

思维创新是指运用发散、直觉、想象等思维方式与方法，对新事物和新目标进行思考，从而获得新发明、新发现、新技术、新产品、新成果等而采用的思维方法。它是一种开辟人类认识新领域、新成果的思维活动。

思维创新是以新颖的思路或独特的方式来解决问题，从而产生创新性成果的思维。它除了具有一般思维活动的特点外，还具有一些其他的特征。在整个思维创新过程中，各种思维方式和方法综合交互作用。通过掌握思维创新原理，遵循思维创新法则，运用思维创新方法，培育创新思维，提高创新能力。

（三）思维创新的特征

1.独立

与他人不同，独具卓识，敢于质疑，力破陈规，善于打破自我框架。

2.联动性

具有"由此思彼"的能力，表现为纵向联动（发现一种现象后立即深究其因）、逆向联动（发现一种现象后立即想到它的反面）、横向联动（发现一种现象后能联想到与之相关和相似的事物）。

3.多向性

善于从不同角度想问题，在一个问题面前，能尽量提出多重设想和方案，以扩大选择余地。

4.跨越性

从思维的里程来说，表现为常常省略思维步骤，加大思维前进的跨度。

5.综合性

善于选取前人智慧宝库中的精华，通过巧妙结合，形成新的成果。

（四）思维创新的阶段

1.启发定向阶段

了解问题情况，产生创新需求，激发创新动机，在发现问题的基础上提出问题，进而通过深入分析更加明确问题。

2.潜伏酝酿阶段

当问题明确之后，便进入以收集整理知识信息、弥补知识缺陷、消化原始材料、构思假说和解决方案为主导活动的阶段。

3.游离逼近阶段

在深思熟虑、反复尝试后，思路逐渐清晰，方法与途径趋于明朗，问题接近最后解决的时期。

4.灵机触发阶段

灵机的触发即问题已迎刃而解,包括两种情况:一是出现意识到成功的心理准备;二是当为问题苦苦思索而不得其解时,在未曾预料的时刻因受某事物的启发,突然灵机一动,想到解决问题的办法。

5.深化成型阶段

对思维创新成果中的新假说、新推测、新设想等成分,经过实践的检验,对其不足之处进行弥补、深化,使其更系统、更丰满、更成熟,最后将成果以适当的形式表达出来,从而指导实践。

这五个阶段相互联系,相互影响,相互制约。前一阶段总是为后一阶段做准备,后一阶段也可能包括前一阶段的某些因素。在整个思维创新活动过程中,各种思维方式和方法综合交互作用。

二、教学思维创新的内涵

在教学活动中,教师是教育的主体,学生是学习的主体。而在这一对关系中,存在需要改进和协调的方面,特别是处于教育主导地位的教师,在教育观念上应该积极探索,创新教学和方法,缩小教学过程中的"标准化",以及人才培养模式的单一化、功利化等不利因素的影响,使教师在教学思维和方法的创新上与学生自我意识、独立意识、创造意识结合起来,这不仅对教学思想有积极作用,而且对教学模式、方法改革都有着积极意义。

(一)教师思维创新的养成

教师在教学工作中要想取得成就,得到学生的赞许,不但要有一定的智力水平,还要有坚强的性格。教师职业与其他职业不同,教师在传播文化知识的同时又在塑造着人们的灵魂。人的性格中包含许多个人自身的特点,其中有些是符合客观事物发展规律的,有些是违背客观事物发展规律的,这就需要教师个人不断用社会的"道"和"德"去修养自己,使性格既有利于个人身心发展,又符合社会的准则。

做好高校教师工作,需要思维创新的养成。特别是在高等教育进入了大众化阶段后,在大学特色、学科特色、创新机制、创新氛围的呼声越来越高之时,高等院校迎来了发展机遇,但也给教师带来了巨大的挑战。高校要培养具有知识、德性及创新精神的人才,需要承担此重任的教师有一种思想观念作为其追求的理想,并指导其行动。有了思想,才能谈到人的道德、价值、精神。创新观念是大学理念的一个组成部分。

思维要从知识记忆的层面上升到构思、创意,需要把以前在头脑里存在的东西激活,进行加工、组合,形成新的想法。在此过程中,人的思维是受到很多因素影响和限制的,必须按一定规则来思考问题。

（二）教学中思维创新的思考

在学校的教学过程中,教师要培养学生的创新意识,要大力推广启发式教学,摒弃传统程式化教学。

启发式教育的核心就是培养学生独立思考的能力和创造性思维。所谓"教是为了不教",就是要使学生自己掌握学习的方法,提高创新的能力,只有这样,他们才可以离开教师,才可以超过教师,才可以成为人才。启发式教育就是要培养学生自主学习的精神,培养其发现问题的意识,培养其善于通过实践学习知识的能力。

第二节　思维创新的培养

一、思维创新的基础

（一）思维创新的思维习惯

思维创新习惯包含创新意识、推理意识和解决问题意识的习惯。创新意识越明确,越能产生新的假设和构想。多思维多智慧,提出的假设和构想必然就越多,因而出现标新立异的设计理念就越多。

推理意识是思维创新不可缺少的组成部分,思维创新活动要求不能只是就某一个事物孤立地进行分析和研究,而应该把各种事物,哪怕是风马牛不相及的事物联系起来,加以综合思考。因此,推理意识就成了思维创新的一个重要因素。推理意识的培养是创新教育的一个重要环节,推理意识的培养要求学生养成善于把大量的事实进行组织、整理、概括和总结的习惯。

解决问题的意识主要表现为信息转化的意识。在人类认识自然、社会的过程中,信息转化的工作是非常复杂的,经常会出现"山重水复疑无路"的困境,解决问题的过程往往是由否定变肯定、由肯定变否定再变肯定的过程,或者由不可能变可能、可能变不可能再变可能的过程。因此,创新教育也要培养学生用锲而不舍的精神去思考、理解、解决问题。只有通过多次反复,一步一步地由低级向高级发展,由片面向全面转化,最后才能使艰苦化为发展,化为精神、物质和力量。

(二)思维创新的发散性思维

发散性,即对一个问题能从多个角度、沿着不同的方向思考,然后从多方面提出新假设或寻求各种可能的正确答案。

发散性思维具有两个特征:变通性和多端性。发散性思维的变通性反映了发散思维有发散、迁移、升华的特点。变通性的培养实质上也是培养学生的一种终身受用的学习能力。发散性思维的多端性反映了发散思维具有发散、流畅、敏捷的特征。要求思维者多向观察、多维策略、横向比较。如何使这一特点在教学中得到体现呢?首先,可以由教师给学生输入一个信息,学生根据这个信息和掌握的知识,在教师的启发下,获得新知识,锻炼新思维。如在学习杠杆的知识后,给学生出示一把老虎钳,让学生指出这把老虎钳所涉及的物理知识及用途,并激发和鼓励学生给出尽可能多的答案。其次,可以在解决某一问题的过程中,充分发挥学生思维的不成熟性,或者不固定性,让他们设计出多种方案。如教室里的日光灯坏了,请学生列出可能的原因,并在课堂实施修理。这样既培养了学生思维的多端性,也培养了学生思维的流畅和敏捷的特质,还让学生经历了多向观察、多维策略、横向比较的认知过程。

(三)思维创新的求异性思维

求异思维表现为在解决问题的过程中,当依据原有的事实、原理不能达到预期目的时,能够提出与众不同的设想方案,从而有效地解决问题。求异思维具有独特、立异的特点。独特,即在解决问题或认识世界的时候,不拘泥于一般的原理、原则和方法,能应用与众不同的原理、方法和原则,使问题得到合理的解决。

二、思维创新的培养途径

培养创新型人才是素质教育追求的最高目标,创新人才必须从小培养。

(一)建立平等融洽的师生关系

要营造活泼、民主、自由的课堂氛围,在和谐的人际互动中,让学生受到激励启发,产生一系列新的设想。在课堂上,教师要尽量营造一种集温情、友情、亲情于一体的课堂气氛。微笑的面容、和善的目光、亲切生动的语气、形象易懂的手势等可以使学生如沐春风,不知不觉地亲近教师。学生只有处于无拘无束、心情舒畅、精神振奋的状态,才能闪烁出智慧的火花。融洽的师生关系可以树立起学生学好体育知识与体育技能的心理优势,而这种心理优势则是学习的第一步。有了这种心理优势,学生的认知动机、求知欲望才能得到激发,从而为鼓励他们大胆开口营造一种情感氛围。

(二)鼓励学生敢于提问

学生的思维创新无论是在课堂上还是生活中都表现为勤学好问,教师应因势利导,鼓励学生发表不同的见解,肯定大胆的发问。如果教师训斥学生,学生的智慧火花便会被扑灭。教师要激发学生的质疑动机,培养学生的学习兴趣,使他们在自觉的心理投入中享受提问的愉悦。培养学生创新性思维的目的就是要让学生具有较强的记忆力、丰富的想象力和独特的创造力,使他们具备适应社会发展的能力,成为新时代所需要的高素质人才。

三、思维创新的训练

思维创新的训练主要从掌握思维创新的原理、遵循思维创新的法则和培养思维创新的能力三个方面进行。

(一)掌握思维创新原理

1. 整合原理

创新是各种心理因素(包括兴趣、求知欲、理想、信念、情感、意志以及思维品质、形式、方法等)高度有机整合的结果,是主体心理、思想、思维等意识活动的综合表现。

2. 流动原理

思维创新随着人类认识活动的深入而不断运动,具体表现为:按个人自我发展的需要流动;随个人兴趣爱好的变化流动;按思维能力结构层次的变化由低向高流动。

3. 调节原理

随着人类认识活动的变化,根据创新活动的需要,不断调整目标,使之更符合实际。

4.信息轰击原理

通过努力学习和多接受新信息,以诱发思维的创新性。

5.群体机智原理

通过争论、辩论、讨论等形式汲取群众的智慧,弥补个人创新力的不足。

6.压力原理

外在压力迫使自我克服惰性,将压力转化为动力,成为推动创新的巨大力量。

上述原理中,前三项取决于主体内因,由自身素质与能力的高低来决定;后三项取决于社会外因,在外力适度的作用与影响下,主体的创新潜能就会得到激发。内因起决定作用,外因只能提供有利的条件。

(二)遵循思维创新法则

1.对应法则

通过模拟比较、类比联想、相似想象创新。

2.移植法则

通过模仿造型、移植结构、模拟演示创新。

3.综合法则

通过集思广益、智慧聚集、思维交融创新。

4.还原法则

通过回到根本、抓住关键、提纲挈领创新。

5.离散法则

通过离散产品、分解要素、剖析认识创新。

6.强化法则

通过强化技法、强化目标、强化工艺创新。

7.换元法则

通过代用材料、代用零件、代用方法创新。

8.组合法则

通过附加组合、异类组合、同物组合创新。

9.递反法则

通过逆反思考、求异思维、对应思考创新。

10.造型法则

通过外观造型、结构造型、色彩造型创新。

11.原型启发

通过物件启发、事件启发、言行启发创新。

12.特征迁移

通过事物特点、事物特征、事物特性迁移创新。

13.功能变化

通过功能组合、功能改变、功能提升创新。

(三)培养思维创新能力

建立合理广泛的知识结构，不断丰富实践经验。增强好奇心以发展想象力，培养高尚的兴趣以增强创新能力。培养直觉力以开发想象力，培养联想力以促进新事物的产生。培养良好的创新素养和艺术素养。建立合理的能力结构，培养良好的心理品质。

第三节　思维创新在体育教学中的应用

一、思维创新在体育教学中应用的必要性与条件

创新活动的从事，离不开思维创新的作用。体育教育经过多年的发展，已经成为学校的一项重要教学活动，但仍存在很大的发

展空间。创新作为社会发展的基础,体育教学同样需要将其作为发展的手段,如此才能适应学校教育事业的改革。其中,创新的思维能够给从事体育事业的教育工作者带来新的教学理念,引导教学活动的创新性开展。

（一）思维创新在体育教学中应用的必要性

体育教学中应用思维创新的必要性主要体现在两个方面:一是体育教学中存在"墨守成规"的问题,制约体育教学工作的开展;二是思维创新的先进性和前瞻性能够促进体育教学活动的发展,提高教学的效果和水平。

思维创新要求改变墨守成规、人云亦云的教学方式,代之以启发式教学方式和讨论式教学方式,旨在培养学生独立思考的能力和自主创新的意识。学校的体育教学活动应用思维创新,改变了以往学生被动接受知识的情况,学生在课堂上获得了更多实际操作的机会。譬如,体育教师在安排的篮球比赛中,指出学生在动作、合作等方面的不足之处,尤其是队员之间的合作,基本上没有固定的模式规定具体的防守、进攻、传球和突破,需要教师在赛场上一对一地指导,提高学生临场应变的思维能力。另外,思维创新是体育教育改革的关键,其中包括教育的观念、思想、制度、内容和方法等。换句话说,思维创新具有现代化发展的先进性。这一点与教育改革的需求如出一辙,使得可持续发展的教育精神能够得到全面贯彻落实。

（二）思维创新在体育教学中应用的条件

1.转变教育观念

传统教学理念没有要求学生掌握"举一反三"的能力,而仅仅要求学生掌握课堂的基本知识和相应的技能水平。因此,在应用思维创新的时候,需要对现有的教育观念进行转变,让教师从以往知识灌输者的身份,转变成学生的指导者、帮助者和交流者,并采用启发式、讨论式、探究式的教学方法,培养学生独立思考的能力,使学生在掌握旧知识的基础上,自我构建新的知识体系,养成良好的学习习惯,让学生在完成自我提升的过程中,体会到自己在教学过程中的自我价值,从而增强自主创新意识。

2.营造教学氛围

营造教学氛围是思维创新应用的软条件。学生只有在自由、舒适的教学环境下,才能够有效激发创新意识,进而发挥自己的创造性和积极性。首先,创设安全的心理环境。让学生从心理层次上感觉到接受教育的自由。教师应该以表扬、引导等方式,帮助学生消除学习上的困惑,以及纠正学生在学习上的错误。其次,创设愉悦的教学环境。教师应该善于利用教育活动,以平衡和合作的学习方式,鼓励学生为实践教学提出改善建议,这样才能够缓和教学的气氛,为学生提供一个发挥思维创新作用的机会。最后,创设阶梯式问题情境。在教师引导的基础上,学生在提出问题和解决问题的过程中,获得新的知识,从心理层面上增强获得知识的信心。这样一来,教学氛围就不会沉闷,学生的创新思维才有可能被调动起来。

营造教学氛围离不开学生的参与,教师应该将学生当作教育的主体之一,不断地激励学生参与其中。

3.更新教学手段

体育教育体系的思维创新需要具备一定水平的"硬条件",那就是教学的手段,这是保证教学质量的关键。教师的教学手段实际上是思维创新的结晶。如果一名教师的教学思维固定,所采取的教学手段势必单一,所取得的教学效果也只能停留在某个水平,因此,教师需要对教学手段进行更新。一方面,对比分析现有的教学手段,找出其存在的不足之处并加以完善,同时融入创新的思维,这样才能够提高教学的实效性。另一方面,根据教学的实践需求,创造出新的教学手段,并根据具体教学工作的变化,适时进行调整。譬如,根据学生的接受能力、体质状况和教学条件等,灵活采用教学手段,以及根据学生的学习方法,探索研究适合学生的具体教学方法,实现人才思维能力的创新。另外,教学的信息交流也很重要,教师可以借此分享自己的教学经验,并从他人处学习有用的教学方法,以作为教学手段更新的科学依据。

二、在体育教学中巧用思维创新

思维创新是一种特殊的思维方式,它能突破思维定式思考问题,从新的角度、新的思路去寻找解决问题的方法。体育教师只有适应时代发展的需求,逐步研究与探索思维创新方法,才能更好地满足现代体育教学的新型标准与要求。

现代体育教学正在向科学化的方向发展,体育教育将不再是单纯的体育知识、技能的传授与掌握,而是注重学生自主性、创造性和终身学习能力的培养。思维创新是前提,学生除了依靠注意力、记忆力、观察力、想象力等智力因素学习外,还受到了兴趣、情感、动机、意志、性格等非智力因素的影响。在现代的思维创新体育教育教学中,教师应重视调动学生的主动性和创造性,开发学生的智力,促使学生由"要我学"转变为"我要学",从而迸发出极大的学习热情,刺激其处于主动学习的最佳状态。这样,"教"和"学"的效率都得到了极大的提高。

(一)现代体育教学思维创新法的基本特征

1.客观性

体育教学中运用的思维创新法是现代教育思想的重要体现,

具有符合时代发展和教学任务的特征。体育教师根据思维创新法制订教学计划与组织教学时,不但要严格按照新课程标准来开展和进行,而且要根据社会、学校、学生、家长等各方面的客观要求,进行充分综合与分析。同时,运用的思维创新法还要借鉴以往体育教学中取得的成功经验,积极制定和实施科学、客观的教学模式。

2. 概括性

思维创新法的概括性主要表现在表现形式和表现内容两个方面。表现形式的概括性,即用简单的语言介绍就可以基本反映整个教学模式;表现内容的概括性,即对体育教学活动的理论或实践加以浓缩、提炼,使体育教学活动更加丰富多彩。

3. 可操作性

思维创新法为体育教学在逻辑步骤方面提供了规范的准则,以及每一个步骤的具体操作方法。体育教师在教学中运用思维创新法,要在充分考虑体育教学活动复杂性和特殊性的基础上,逐步排除教学环境中较易出现的各类影响因素,进而保障体育教学方法操作的稳定性。

(二)思维创新法在体育教学中运用的意义

1. 有利于学生的个性化发展

学生是体育教学中思维创新法应用的主体,他们无论在心理成长上还是身体发育上都存在着较大的差异。传统的体育教学方法相对单一,难以适应现代学生个性差异的发展趋向和要求,也限制了学生思维创新的培养。新课程标准中明确要求逐步改善体育教学方法单一的现象,让教学活动主动适应每一个学生的个性差异,进而将此类差异作为思维创新法应用的基本出发点和根本原则。

2.有利于建立民主、平等、和谐的师生关系

传统的体育教学方法中,教师片面地强调学生的同步发展,往往导致学生的个性发展受到一定程度的影响和限制。思维创新法在体育教学中的运用,不但可以有效提高课堂教学效率与质量,而且有助于建立民主、平等、和谐的师生关系,进而引导学生在体育学习中逐步培养独立发现问题、分析问题、解决问题的综合素质和能力。

3.有利于引导体育教学向综合教学发展

体育教学中运用思维创新法所涉及的内容相对较多,其中包括相关课程、融合课程、广域课程、核心课程和活动课程等基本项目。思维创新法对于引导体育教学由分科施教向综合教学的转变具有深远的意义和作用,也是更新与完善课程组织形式的基础。

三、体育教学中学生思维创新的影响因素

(一)主观影响因素

体育思维创新的主观影响因素是指对创新活动具有促进或阻碍作用的内在因素。创造学认为,创新活动能否顺利进行并卓有成效,其创造力能否得到开发和运用,客观社会环境起很大的影响作用,但这只是外因,关键还在于创造者本身。

1.多向思维能力

多向思维是相对单向思维而言的。人们在解决日常问题时,往往习惯遵循某一固定的思维模式进行,这种"单向性"和"固定性"的特点,容易造成思维惰性和僵化。

2.联想思维能力

联想思维能力指从一个事物想到另一个事物的能力。思维创新的本质就在于发现原来没有联系的两个事物或现象之间的联

系,联想发挥着引导作用。

3.捕捉灵感的能力

捕捉灵感的能力指将转瞬即逝的灵感思维结果及时加工成为创新设想的能力。捕捉灵感能力是创新能力的重要环节。灵感的产生同艰苦的思维劳动、丰富的知识与实践经验以及信息的刺激触发等因素有关,而及时记录下来灵感思维的内容,防止稍纵即逝,保持思维活跃并及时向纵深扩大思维成果,都是捕捉灵感的好方法。

(二)客观影响因素

人的创造活动是受环境条件的促进与制约的,这种制约力体现在社会生活的各个层次和各个领域。同样,体育思维创新作为客观存在的形式之一,也将受到各种客观因素的影响。良好的环境能够提高人的创造力,反之则会抑制人的创造力的发挥与发展。

1.社会环境

人作为社会的成员,总是生活在一定的历史条件下,这种社会历史条件成为一个人能力发展的背景。

2.体育环境

体育环境即对体育创新活动直接产生影响的客观环境。人的创造力虽然和社会历史及历史环境有直接关系,但创造力的实现离不开具体的工作环境,它的影响力较之社会环境来讲更直接、更大。

3.人际环境

人的社会性和创造活动的团体性决定了人际关系对创造活动发挥着积极或消极的作用。

4.信息环境

信息环境在创新过程中极为重要。创新者把接收到的信息和原有信息综合起来,围绕新目标进行加工处理,形成新的思想和方案,并加以实施,从而取得成果。

5.实验环境

任何新事物、新成果都需要经过实验验证后方可投入使用,体育创新也不例外。因此,实验环境也是直接影响创新的重要因素。

第四节　以思维创新构建体育教学创新体系

一、构建体育教学创新体系

为适应当今社会对高校人才的要求,高校体育教学应从认清体育教学本质、认清体育教学目标和更新体育教学内容三个方面构建体育教学创新体系。

(一)认清体育教学本质

体育教学是培养学生创新素质的一个重要途径。学生的创新素质主要包括学生的创新意识、思维创新、创新能力等方面。要想培养学生的创新意识,就要在原有知识的基础之上,找出新的关系,引出自己的创新意识。培养学生的思维创新能力,必须在一个民主和谐的教学范围之内,引导、启发、鼓励学生进行创新性思维,培养学生的独立思维能力和乐观豁达的心胸,提高学生的团队合作能力,扩展学生的兴趣广度,提高学生的综合能力。

(二)认清体育教学目标

体育教学是为素质教育目标服务的,因此,必须改变当前体育教学原有的思维方式,对体育教学的目标、方法、功能、内容、手段进行重新认识,从而构建出一个面向未来的体育教学体系。体育教学的过程不是学生进行锻炼身体的过程,仅靠体育教学过程也锻炼不好学生的身体。体育教学的过程是培养学生体育锻炼意识、体育锻炼习惯和体育锻炼能力的过程,使学生对体育锻炼有一个基本意识和态度,明白体育锻炼的重要意义,从而培养独立进行体育锻炼的习惯和知识。

(三)更新体育教学内容

体育教学内容的创新是增进学生的健康需求、满足学科之间的发展需求、满足未来社会发展需求的必然手段。体育教学中应增加有助于培养学生体育能力的教学内容。体育教学应在不忽视方法教学的同时,加强体育教学与健康教育的结合,使用体育健康养护方法以配合体育锻炼的需要,培养学生健康合理的饮食、卫生习惯,培养学生生理和心理调节的实用保健方法。体育教师不仅要授予学生体育锻炼、养护和观赏的知识,而且还要传授学生与未来社会高度相关的各种内容,找到高校体育与社会体育相连接的关键点。

二、体育教学创新体系的主体内容

(一)转变教育思想,树立全面的教育观

教师要转变对教学和课程本质的认识,在教学过程中,首先应给予学生先进的教学观念,充分发挥学生的主观能动性。俗话说:"观念先行,行遍天下。"培养学生良好的学习观念是体育教学的前提。其次,增强教师的服务意识。教师应放下身段,更好地服务学生,学生需要什么就能给予他们什么。教师不再高高在上地讲授,学生也不再唯命是从地学习。只有这样,教师才能平等地对待学生,学生也才能在民主的学习环境中,不断地审视自己、提高自己。

(二)建立新的教材体系,教学内容不断延伸和拓展

高校体育要从较单一的竞技项目向健康型、娱乐型、社会型等

多样化方向发展,建立起实施性强、体现多种功能、学生喜爱、符合实际情况的教材体系。同时,要打破体育技术课与理论课分离的局面,增加理论选修课,把体育理论知识与其他领域的理论结合起来,如开设体育人文学、体育美学等,使学生有更多的机会接受体育的知识和文化。此外,高校体育应从学生的实际能力和兴趣爱好出发,设立多种运动项目,让学生学习自己喜欢的运动项目,并逐渐培养成优势项目,不断满足学生个性全面发展的需要,以便学生充分掌握运动技能,为终身体育提供有力的支持。

(三)创新教学模式

体育教师应根据学生的身心发展特点,结合自己的特长,不断地进行教学模式的改革和创新。这种创新应体现新颖性、灵活性和能力性。

(四)创新教学方法和手段

在体育教学中,单一呆板的教学方法难以使学生参与教学活动,抑制了学生的思维创新和创新能力的发展。因此,高校体育教师要重视教学方法和手段的创新。

1.创新教学方法

没有最好的教学方法,只有更适合学生学习的教学方法。教师要根据教学目的、任务以及教学内容等特点,从实际出发,不断创新,始终保持教学的新颖性、生动性、知识性、趣味性、多样性,努力营造轻松、愉悦的学习环境。

2.创新教学手段

随着科学技术的不断发展和信息技术的广泛应用,各种现代化的视听手段在教学领域中得到了普及,极大地丰富了教学中传递信息的途径,不仅提高了教学效率,而且使得教学形象生动,为学生的学习和发展提供了丰富多彩的教育环境和学习工具。

三、以思维创新构建体育教育方法和教育制度

(一)以思维创新构建体育教育方法

首先,传统的体育教学方法是教师教、学生学,是单向的。这种机械的教学方法毫不生动,而且重复的教学工作容易使得体育教师的积极性不高。而新的教育方法要求教师注重学生的反应,根据学生的反应和自身的特点,修订教学内容,最终形成一种互动式的教学。

其次,传统的体育教学方法是利用已有的器材发挥它们本身的作用。比如在传统的体育教学中,跑道就是用来跑步的,单杠就是用来做引体向上的,铅球就是用来投掷的,等等。而利用思维创新构建的新的体育教育方法是除了发挥教学工具本身的作用外,还应当发现它们新的功能,比如可以利用跑道开展各种趣味比赛等。

再次,传统的体育教学方法是只有教师教,教师自身的竞技水平和比赛经验对于上课的效果至关重要,所以无形中对体育教师的要求大幅提高。而新的教学方法可以让有一定竞技水平的学生来充当教师或者示范者,这样便于学生接受动作要领。

最后,除了进行校际比赛外,传统的教学方法交流的机会很少,这在无形中大大挫伤了体育教师和学生的积极性。而新的体育教学方法要求各省、市以及各学校之间加强交流,扩大高校体育的影响,从而带动更多的人从事体育活动。

(二)以思维创新构建体育教育制度

我国可以结合自身特色,运用思维创新构建新的体育教育制度,比如增加体育课程的学分、开展各个项目的区域甚至全国联赛等,这些制度的革新有利于高校体育的发展。在新的背景下,我们

不但要在生产、服务、科研领域倡导创新,而且要在教育领域倡导创新;我们不但要在数学、物理、化学、计算机、金融等领域倡导思维创新,而且要在体育教育领域倡导思维创新。

第三章　体育教学的发展与创新

第一节　体育教学方法创新

一、体育教学方法的概念

对体育教学方法的时下概念说法不一,定义之一是体育教学任务或目标的方式、途径、手段的总称;定义之二是在体育教学过程中,为了有效完成教学历来采用的一系列手段和方法;定义之三是指体育教学过程中完成教学任务所采用的教学途径和手段;定义之四是由体育教师主导的学习运动技术的完整程序;等等。

二、体育教学方法的分析

(一)从综合性的角度看体育教学方法

现代体育教学方法的理论基础是生理学、心理学和社会学,其方法大致有一般教学方法(简称教学方法)、运动训练方法、游戏方法和心理训练方法等。

1.一般教学方法

一般教学方法包括讲授法、谈话法、演示法(示范、实物、电化影像演示等)。

2.运动训练方法

运动训练方法指教练员和运动员为完成训练任务、达到提高专项运动成绩的目的而采用的途径和办法。它对提高人的技术水平和发展人的体能具有典型的意义。其常见的训练方法有分解和完整训练法、持续训练法、间歇训练法、重复训练法、变换训练法、循环训练法、比赛法等。

3.游戏方法

游戏方法是在创造的合作关系或敌对关系下,一起为获得胜利而奋斗的社会活动方式。它一般是指为了完成教学任务而运用的各种各样的游戏方式。

4.心理训练方法

它是指有目的、有计划地对训练者心理过程和个性心理特征施加影响的过程,也是指采用特殊的方法和手段,使训练者学会调节和控制自己的心理状态,进而调节和控制自己运动行为的过程。其方法包括集中注意力的方法、放松的方法、模拟的方法等。

(二)从不同类型的教学角度看体育方法

由于教学内容和教学性质的不同,因此在一般的教学方法基础上,形成体育教学相对独立的方法体系。具体地说,可分为三类不同的层次:技术教学方法、组织教学方法和教学组织方法。

1.技术教学方法

它是针对动作结构复杂、时间持续较长、技术含量较高的教学内容而采用的方法。其指导思想是化整为零,分而治之。根据动作技术分解的不同性质,技术教学方法可分为分工分解法、分段分解法和分化分解法。

2.组织教学方法

它尽可能地体现区别对待和"平等"教育的思想,力求为每一个学生提供更自由的活动空间,争取更多的活动时间,创造更好的表现机会。根据组织教学方法的基本思路,可以将其分为分流法、循环法和游戏竞赛法。

3.教学组织方法

它是指系统设计和安排一个教学时段的组织方法。根据体育教学活动的组织与安排,教学组织方法可分为循环分期法、均衡对称法和综合恒定法。

三、体育教学方法的构成

(一)目标要素

体育教学方法必须有一个指向的教育目标,目标作为体育教学的基础,没有它也就没有方法可言,教学方法主要是为教学目标而服务的。

(二)语言要素

语言要素包括多种形式的语言,如口头语言、肢体语言等。

(三)动作要素

动作要素包括身体各种运动动作。体育是以人的身体训练为手段的活动,所以身体训练是必不可少的。这是体育区别于德育、智育的主要特点。

(四)环境要素

环境要素包括学校的地理位置以及气候、风土等自然现象,此外,还包括配合教学活动而采用的体育器材与场地设施。

四、体育教学方法的特点

(一)互动性

任何一种体育教学方法都是教师指导学生学习这一双边活动的方法。它是由教师教和学生学组合而成的。具体来说,在体育教学方法的实施过程中,教师教的方法对学生学的方法具有一定的制约性,学生学的方法也会对教师教的方法产生影响。所以,师生在体育教学活动中相互联系、相互作用和相互统一的特点在体育教学方法中有着充分的体现,我们不能错误地将体育教学方法理解为教师教的方法与学生学的方法的简单相加。

(二)参与性

体育教学过程中,所有参与者都必须将自身的各种感觉器官充分调动起来。在教学活动中,教师和学生不仅要通过视觉与听觉来对信息进行接收,还要在中枢神经系统的指挥下,运用身体的触觉、位觉、动觉等来进行动作的示范和练习,通过本体感觉来对机体在做正确动作时动作的用力大小、运动方向、动作幅度等进行感知,以对正确的动作定式进行体会,从而对机体完成动作进行更加有效地控制。这些也都充分体现出了体育教学方法的多感官参与性特点。

(三)组合性

体育教学活动中,学生需要动员多种感官来接收教师发出的信息,这是由体育教学目标和教学程序共同决定的。学生利用大脑皮层对教学信息进行接收,经过大脑的分析、加工和处理后以指令的形式对机体进行指挥,从而使机体顺利完成相应的动作。在这个过程中,学生需要充分运用感知、思维,并进行不断练习。感知是学习的基础,思维是学习的核心,练习是学习的结果。体育教学方法将感知、思维和练习三个环节紧密结合在一起,将体育教学过程的认识与实践、心理与身体有机结合的特点充分体现出来。

(四)交替性

在体育教学活动中,个体的身体活动和心理活动之间有着非常紧密的联系。学生通过感知动作及思考、记忆、分析等心理活动对动作技术和运动技能进行掌握。教学过程中,学生生理和心理难免会承受一定的负荷,当这种负荷持续不断地作用于学生的机体后,学生必然产生运动性疲劳。疲劳现象会使学生的学习兴趣和学习效率降低。所以,教师要对体育教学方法进行合理的运用,对运动锻炼的间歇时间进行合理的安排,要做好运动与休息的科学调配,只有劳逸结合,才能提高教学效率。

(五)继承性

体育教学方法具有历史继承性。在长期的体育教学实践中,人们为了促进教学实效性的提高,对教学方法的探讨与研究非常重视,并且积累了较为丰富且宝贵的实践经验。有些教学方法是体育教学客观规律在一定程度上的反映,至今仍具有广泛的影响力,值得教师对其进行认真总结与整理,并对其合理的部分进行借鉴。任何新的体育教学方法要绝对地从零开始都是不可能的,它必然是借鉴多方面传统教学方法的结果,并在新的历史条件下将新的内容赋予其中,使其具有更新的意义与更显著的价值。

五、体育教学方法的创新发展趋势

现代体育教学方法经过多年的改革与发展,已经形成了具有自身特色的教法体系。随着经济社会的不断发展,体育教学方法也在于不断地创新与发展,并呈现以下几方面的趋势。

(一)现代化趋势

现代教学方法的现代化发展过程中,体育教学的现代化十分明显。体育教学现代化的重要表现之一是教学设备的现代化,通过对先进技术手段的运用,使体育教师能够更好地对教学活动进行开展,使学生可以更好地参与体育学习。而且,通过运用先进的现代化设备,教师可以对学生的身体素质有一个更加全面的了解,从而有针对性地对运动训练的负荷量进行安排。在教学管理方面,现代科技的运用可以为学生的学习和生活提供更加便捷的服务。随着现代社会的不断发展,体育教学的各项技术将得到一定程度的创新与发展,其教学方法也必然呈现现代化的创新性发展趋势。

（二）心理学化趋势

在心理学中，学习是一个较为复杂的心理过程。在体育教学中，学生学习是一项既涉及知识记忆又涉及动作技术记忆的复杂形式。随着心理学研究的不断深入，学习过程的各个要素与阶段开始被人们逐步认识，并且在具体的教学实践过程中，心理学的相关理论得到了一定的运用，并发挥了积极的作用。在体育教学方法的发展过程中，很多心理学的研究成果都得到了不同程度的应用，这对于促进体育教学质量的提高具有积极的影响。另外，体育教学方法的运用还肩负着培养学生良好的意志品质、发展学生的健康心理等培养目标，通过对相应的心理学知识进行采用，能够使体育教学方法在这些方面的目标得到顺利实现。

（三）个性化与民主化趋势

现代体育教学方法正在逐渐向个性化、民主化的趋势发展。传统体育教学强调教师的主体地位，在教学过程中只重视教师的教，教师组织教学活动也没有对学生个体之间的差异进行充分考虑。随着体育教学的深入改革与发展，社会越来越重视学生的个性化发展，因此，体育教学方法的发展也必然呈现个性化的创新趋势。个性化的教学方法改革和创新不仅有利于学生的全面发展，而且有利于社会的进步。

体育教学方法的民主化发展也是大势所趋。随着体育教学过程中民主意识的崛起，民主化体育教学方法将得到进一步的重视与更加广泛的运用。

六、体育教学方法的优化创新

（一）教学方法的优化策略

随着现代体育的不断发展，不断有新的体育教学方法被提出并应用到体育教学中去，体育教学方法体系内容不断得到丰富。

体育教学中,教师在体育教学方法优化创新应用方面的意识越来越强,但也会出现为了创新而创新的现象,这种现象违背了体育教学的客观规律,忽视了体育教学中的学生、教师、教学条件等客观实际,是一种不科学的创新。

教师应注重对教学方法和教学现实的深入分析,充分了解不同教学方法的优点,针对具体教学内容、教学对象特点,甄选出最佳的教学方法。对教学方法的合理运用是科学组织与实施体育教学的重要前提,也是体育教学方法优化创新的前提。

体育教学方法的科学化优化操作的具体要求如下:

第一,在实际的体育教学方法优化创新过程中,必须重视教学方法优化策略中的系统性和操作性。

第二,严谨的系统性能使教师对教学有着非常好的整体把握,更强的操作性则能够帮助教师更加方便地执行教学方法。

第三,教学方法将优化应用于具体教学实践,体育教师应重视对教学方法产生的效果进行跟踪了解,可通过学生的学习反馈,收集、整理、分析教学方法使用效果的反馈信息,并对教学方法进行优化调整。

(二)教学方法的组合创新

教学方法的组合创新是现代体育教学方法优化组合的必然趋势和要求,具体是指以合作学习法为基础来进行教学方法的优化创新。从本质上讲,教学方法的组合也是对原有教学方法的一种优化措施。

随着社会的飞速发展,体育教学方法不断创新,传统教学方法不断完善,新的体育教学方法不断出现,高校体育教学中,体育教师应对教学方法中的各优势要素进行组合创新运用,以最大限度地发挥不同体育教学方法对体育教学的促进作用。

第二节 体育目标教学与课程创新设计

一、目标教学的概念与特点

（一）目标教学的含义

目标教学是以教学单元为控制教学过程的基本单位，以教学目标为中心来组织教学活动，以异步教学为教学活动的基本组织形式，以可控变量作为优化教学活动的着力点，以教学评价保证教学活动有效运行的教育教学新体系。

（二）目标教学的特点

目标教学以"目标意识、情感意识、参与意识、反馈矫正意识"为其教学特点。

（三）目标教学的导向

通过目标教学实现三个根本转变：课堂教学从以教师为中心向以学生为中心转变；由以认识为中心向以能力为中心转变；从为掌握学习方向向为发展而转变。

二、对目标教学基本课堂教学结构的认识

（一）要素结构

目标教学的课堂教学要素包括三部分：教师、学生、认知信息。

（二）行为结构

目标教学的课堂教学围绕每一个明确具体的教学目标，重点调控影响教学效果的三个变量（认知前提、情感特性和教学质量），充分运用检测—反馈手段，采用群体教学与个别教学相结合的形式，构建课堂教学行为结构。

（三）程序结构

目标教学大致包括四个环节的程序结构：前提测评、认定（展示）目标、达标导学（实施目标）、达标测评。

三、教学目标的功能

（一）导向功能

它是教师选择教学具体内存，运用教学方法、教学策略、教学媒体及调控教学环境的基本依据。

（二）激励功能

教学目标是激发学生探索欲望，引起学习兴趣，进而转化为积极参与教学活动的动力，实现由不知到知、由不能到能的矛盾转化。

（三）调控功能

课时教学目标制约着教师"教"的行为，也制约着学生"学"的行为，对课堂教学的设计和实施起着调控作用。

（四）评价功能

教学目标使教学大纲一体化、教学内容明晰化、能力要求层次化。科学的教学目标有利于学生素质的全面和谐发展，有利于充分发挥学科的素质教育功能，有利于体育教学质量的全面提高。

四、设计新颖的体育课方案

创新不同于发明，它不改变事物的本质，只是对构成事物的基本因素进行一次新的组合，从而显现出新的特点和功能。同一教材、同一年级，不同学校、不同任课教师可设计不同特点的体育课，就是因为构成课的基本因素有不同的组合方式。

（一）教学目的

体育学科的教育功能是多元的，但具体而言，其教学目的必须恰当定位,不可能做到面面俱到。"位"由教师而定,依据则是大纲、教材和学生。

教学目的的定位,犹如建房搭起架构,对课堂教学起着提纲挈领的作用,对构成课的其他因素的调动、组合产生影响。

(二)作业条件

作业条件包括运动场地、设施、器材等的数量及质量,气象因素也不应忽视。不利的作业条件对其他因素会产生制约作用,如一些教学方法和手段难以运用,一些组织形式不能实现等。此外,体育教师还应重视"小环境"的设计和创造。例如:充分利用小场地,以实现容量大的教学;自制代用器材,以弥补不足;针对某特定条件赋予情境内涵,使作业条件产生超值效应,以取得更好的教学效果;等等。

(三)教学方法和手段

通过某种媒介将由文字或图形反映的体育教材转化为学生生动的体育行为,即方法和手段,其是诸多教学因素中很具体又很活跃的部分。方法、手段已有许多前人积累,可借鉴,但运用时绝不可照搬,目的性、针对性是选择教学方法、教学手段的重要准则。例如"背越式跳高"教材,有的教师选择由低到高向上走的教法,而有的教师则选择由跳高垫逐渐下落的方法进行,如此大的反差却同样都可能成功。

五、隐性体育课程及其教育设计

(一)隐性体育课程的概念

隐性体育课程是相对于显性体育课程而言的,指学校范围内除显性体育课之外,按体育教育目的及其具体化的体育教育目标进行设计的校园体育文化要素的统称。

隐性体育课程属于学校体育文化,是学校中除显性体育课程之外的所有体育文化要素。隐性体育课程偏向非学术性，但它并不完全排除学术性内容，例如课外体育活动、体育科普读物、体育宣传等，其内容明显具有学术性。隐性体育课程必须是有目的地规范设计的。隐性体育课程作为体育课程的一部分，应有明确的目的指向性，其作用范围和施加影响必须按照一定的体育教育目的和培养目标进行规划设计，使之处于意图性和预期性状态。只有这样，才能称为隐性体育课程。

（二）隐性体育课程的作用

合理有效地进行隐性体育课程的教育，对贯彻素质教育、提高体育教育效果具有重要的作用。

第一，通过实体性和非实体性的学校体育文化、学校体育精神，给学生传授体育思想、体育价值观念，激发学生的体育学习动机，提高学生的体育学习积极性。

第二，多渠道地给学生传授体育知识、技能，全面提高学生的体育素质和健康水平，弥补显性体育课程的不足。

第三，促进学生形成良好的体育锻炼习惯，建立健康的生活方式，为学生形成终身体育锻炼行为奠定基础。

第四，培养学生的心理品质，特别是培养学生的性格、气质、动机、爱好、情绪等非智力因素，促进学生人格的全面发展。

（三）隐性体育课程的教育设计

隐性体育课程要有效地发挥其固有功能，不能是随意或自发的，而应在分析与掌握隐性体育课程构成要素的基础上，按照一定的教育设计原则进行科学、合理的教育设计。

1.隐性体育课程的构成要素

隐性体育课程即校园体育文化的构成要素，主要包括如下内容。

第一，按照体育教育目的及其具体化的体育教学目标选择的不指向体育学科内容的实体性体育精神文化,包括学校图书馆的体育类图书、报纸、期刊,以及社会传入学校,经教师指导、选择的体育图书、报纸、期刊等。

第二,按照体育教育目的及其具体化的体育教育目标创造的非实体性的体育精神文化。一是体育制度文化,主要包括学校的有关体育规章制度、体育管理体制、教师的体育道德规范、师生的体育活动行为要求等;二是非制度体育文化,包括学校领导对体育教育、体育活动的认识和重视程度,对体育教育的工作方式和工作作风,教职工的体育意识、体育价值观念、体育锻炼行为方式以及体育活动的风气与习惯等。

第三,按照体育教育目的及其具体化的体育教育目标建设的,由学校体育物质环境构成的体育物质文化。校园体育物质文化包括学校体育场馆建筑、布局,学校体育的设备条件,体育雕塑、宣传标语,师生的体育运动服装等。

在隐性体育课程的构成体系中,校园体育物质文化和实体性体育精神文化都是有形的,而非实体性体育精神文化是无形的。隐性体育课程的结构就是有形和无形的多种体育文化要素的有机结合。隐性体育课程的三大要素相互渗透、相互影响、相互促进,形成结构复杂的体系。

2.隐性体育课程的设计原则

(1)一体化原则

设计时,必须考虑学校、社会和家庭三种环境对学生的多种影响,把多项因素统一起来进行一体化设计。

(2)协调优化原则

构成隐性体育课程的因素是复杂多样的,在设计时应将各种因素合理组织安排,使之协调一致,处于优化状态。

(3)增强特性原则

为了更好地形成特定的学校体育氛围来对学生施加影响,以达到预期的目的,应有意通过增强或突出隐性体育课程中的某些特性,因人、因事、因地、因时地做出安排与调整。

（4）适应性原则

应充分考虑不同年龄阶段学生的身心发展特点和需要,融娱乐性、思想性和知识性为一体,促进学生身心全面发展。

（5）控制转化原则

设计时,应对各种外来的体育信息进行有效控制和正确引导,消除不利因素,强化积极有利的因素。

（6）因校制宜原则

设计时,应根据学校的客观条件,因校制宜,充分发掘和利用学校自身的优势,设计适合本校实际情况的体育隐性课程。

六、教师如何当好体育课的"导演"

体育课上的气氛是学生在体育课中情绪、情感等心理特征的综合体现,它与课堂上的教学内容、教学方法以及教学条件有着十分密切的内在联系。当教授内容符合学生的特点(包括学生的年龄、性别、生理、心理特点),教学方法就能够激发学生练习的兴趣。教学条件完备,学生学习情绪就高,成效也大,这时体育课上就容易形成生动活泼的气氛。生动活泼的气氛是提高体育教学质量的重要因素。

形成体育课课堂气氛的因素是多方面的,课堂气氛受教学内容的制约,它是在教学过程中形成的,是比较客观的。因此,要想人为地控制课堂气氛,使体育课上呈现生动活泼的局面,就必须找出形成课堂气氛的各种因素。要做到这些,体育教师应从以下几方面入手。

（一）教材内容要符合学生的年龄、性别、生理和心理特点

学生在青春期以前,由于身体生长发育尚不完善,掌握动作技术的能力比较弱,因此,在这一阶段的体育教学中应多安排一些技

术简单、难度较小、运动强度小的教材内容，以适应学生身体的生长发育。

当学生进入青春期以后，男、女生之间身体素质的差异发生了明显变化。此阶段的体育教材，应根据男生与女生的具体情况来安排。比如，女生在生理上的特点是四肢短、重心低、体内脂肪多、肌肉力量差，但她们在身体的协调性、柔韧性、艺术感、韵律感方面比男生强。因此，安排女生的体育教材应特别注意按照由简到繁、由易到难、循序渐进的原则，可多安排些艺术性、节奏韵律较强的教材内容。只有教材内容符合学生的特点，才能正确地采用多样的教学方法，有效地激发学生学习的兴趣，从而达到活跃课堂气氛、提高教学质量的目的。

（二）灵活运用多样的教学方法和手段

体育教学中采用的教学方法，应根据学生的特点而定。一般来说，学生对用固定方式练习传球的兴趣就不如对用活动的方式传接球的兴趣浓厚，学习单一动作就不如学习联合动作积极，学生在弯道上进行弯道跑技术的练习就不如以十字圆周接力游戏的方式练习弯道跑技术的积极性高。

总之，当教材内容固定后，教师要努力研究教学方法的多样性。多样的教学方法不仅可以激发学生学习的兴趣，使体育课的气氛生动活泼，而且能有效地促进学生身体的全面发展。

（三）教师要充分发挥自己的主导作用来调动学生上课的积极性

第一，教师在课上要有鼓动性和启发性。

第二，教师的表扬与批评要适度。

第三，教师的表情及口令要富有感染力。

七、在体育课开设"超市"教学

超市是一种开放的购物形式，这种购物方式的特点是把顾客放在了一个主体的地位,顾客在超市中可以任意挑选自己需要或喜爱的商品。把"超市"的这种经营理念引进体育教学课堂,可以让学生在开放、民主、和谐、轻松的氛围中,根据自己的发展需要,自主选择,独立思考,主动学习。

在体育教学中,如果教学的要求相对统一,学生对教学内容的掌握情况相对一致,那么,采用完全整齐划一的集体授课形式效果比较明显。问题是体育教学的课堂教学要求并不总是整齐划一的,学生学习或复习某些教学内容的时候,其准备状态和已有基础也并不完全一致。在这种情况下,教师就应该在集体教学的背景下,向学生提供足够多的"超市货物",充分发挥学生的主体性,让学生自主地选择学习的内容、方法与步骤。

学习动作的一般步骤是教师先示范、讲解动作要领,学生按照教师的要求、步骤去练习,然后教师再去纠正学生的错误动作。这种传统的教学步骤,使得教师主宰了整个课堂,而学生自主学习的权利则相对被剥夺了,学生的个性,特别是创新思维的发展也在一定程度上被扼制了。那么,在学习动作阶段,是否可以开设一个"超市"呢?答案是肯定的。例如,一位教师引导学生学习接力传接棒技术时,只提了这样一个问题:"大家思考并且实践一下,在迎面和同向接力中,怎样交接棒才能做到既快又稳呢?"给学生一个比较宽松的自主选择的范围,引发全体学生参与学习的积极性和创造性,从而使一个人人都能参与、个个都乐于参与的课堂教学新格局得以形成。其间,教师的主要任务只是对学生的理解和感悟给予相应的启发、指导和帮助。事实证明,开设这样的"超市",能够引发学生积极主动思考,充分发挥学生的想象力,发展学生的创造性思维。

在复习课的教学中,复习动作对学生来说,并不全是没有掌握的动作,有的学生已经会做,而且也做得比较好了,但是在实际教学中,许多教师往往会忽略这一点,采用"一刀切"的形式进行教学,让全班在同一起跑线上,按照一定的程序进行复习。殊不知,如此教学不仅会浪费时间,还会使学生感到索然无味。但如果在教师引导之下,在课堂中开设"超市",让学生自主选择学习的内容,各取所需,这样,不仅把有限的课堂教学时间还给了学生,还激发了学生自主学习的热情。

体育课的素质练习,一般都是教师安排某一固定的练习项目,例如:练习上肢力量,学生一起做多少个俯卧撑;练习腰腹力量,学生一起做多少个仰卧起坐;等等。这样,教师忽视了学生之间的个体差异和学生的兴趣爱好,学生没有选择的余地。因此,可以这样安排:教师选择多种训练上肢力量或腰腹力量的项目,让学生从这几个项目中任选一个项目进行练习,运动量以达到自己最大强度的百分之多少来确定;学生选择自己喜爱的练习项目进行练习,运动量由自己掌握。学生自己从"超市"中选择内容,其练习的兴趣将会大大提高。

体育课的准备活动是体育课必不可少的部分,一般是由教师带领学生去做,形式单调,内容枯燥。学生常常对其中的内容不感兴趣,教学的效果往往不佳,同时也影响了学生整堂课的情绪。能否设立一个"超市",让学生根据本课的教材内容、教学目标,自由地、有针对性地选择内容与方式进行练习?答案是肯定的。例如:让学生自由选择准备活动的内容(徒手操作、游戏等);打破固定分组的形式,学生自由组合进行练习;学生自由操作、自己喊口令;等等。这样可以调动学生学习的积极性,提高学生练习的兴趣和锻炼的实效。

在体育课的结束部分,学生的生理和心理都已疲劳,但各个学生的疲劳程度却不尽相同。如果教师还强行要学生按照统一的动作进行放松练习,那就不一定是放松了。如果一位教师在课程的结束部分安排一段音乐,让学生根据音乐(或不根据音乐)自由放松,形成单人、双人、多人等多种组合,选择多种练习的内容,学生在这样的环境下,才能获得真正意义上的放松。

第三节　体育教学的现代化

任何事物都不可避免地要印上时代的烙印,体育也不例外。随着我国教育改革的不断深入,终身教育观念得到了广泛的认同,素质教育思想已逐步渗透教育的各个层面,高等教育正在经历着一场前所未有的变革。作为高等教育重要组成部分的高校体育教学,也同样面临着挑战。

一、我国高校体育的时代特征

随着人们对体育教育思想、体育教育的功能、体育教育的价值取向等学校体育的基本问题的重新审视,高校体育正在进行着理性的调整,一个比较合理的学校体育体系正在逐步建立。综合各方面的情况来看,它至少表现出了如下特征。

(一)健身性

这是体育的本质特征,也是体育区别于德育、智育、美育、劳育和其他学科的显著标志。

(二)基础性

学校体育对于学生,既要立足现在,更要放眼未来,特别是要为学生今后适应社会创造身心素质发展的条件,奠定终身体育发展的基础。

(三)娱乐性

寓教于乐是提高学生兴趣、增强体育魅力的重要因素。让学生充分领略体育的乐趣已成为学校体育的重要方面。教学中,健身、健美、娱乐的内容增多,轮滑、网球等时尚项目得到发展,竞技项目从内容到形式都有所调整。

（四）灵活性

学校客观条件不一致，学生能力有高低，体育基础有差异，这是客观存在。尊重学生人格，承认个体差异，选择适合学生个性发展的教学内容和方法，运用更加灵活、客观的效果评价体系正被越来越多的人所重视。

（五）多元性

学校体育正逐渐形成学生体育需求与社会需要相结合、学校体育与社会体育相结合、增强体质与提高健康水平相结合、学习体育技术技能与掌握保健知识相结合、身体的隐性效应与显性效应相结合、课内与课外相结合的多元立体结构。

二、体育教学现代化的基本趋势

体育教学的现代化是指体育教学思想、体育教学内容、体育教学手段与方法、体育教学的效果评价等都要适应时代的要求，符合现代学校体育的发展方向，满足社会的体育需求，促进社会进步。

（一）确立正确的体育教育思想

体育教学思想就是在体育教学实践中，教师对体育教学现象及其规律的看法。随着对学校体育研究的不断深入，人们对体育教学思想的认识也有了长足的进步。以终身体育为指导思想的观念得到了确立，体育教学要以促进人的全面发展为目的，强调体育教学的教育功能、指导学生树立正确的体育价值观、养成经常锻炼的习惯、形成终身锻炼的能力、建立健康的生活方式等已成为共识。体育教学已开始脱离单纯的传技和健身模式，教育方式也在向自主学习转变，科学的体育教育思想正在逐步完善。

（二）运用合理的教学方式

1.加强引导，突出主体

学生作为体育教学的主体，首先必须理解体育的价值，由理解产生需要，进而积极主动地参与，这是需要教师合理引导的。同时,教师还要把体育和健康教育的各种知识和技能的教学与学生的需要紧密结合起来,从主体的需要和发展出发,启发他们去思考、去探索、去体验,逐步形成意识、能力和习惯,从而形成一个主体自觉参与、积极探索和不断促进的良好氛围。

2.注重普及,突出个性

学校的精神生活的全部意义就在于要唤起每个学生人格的独立性。因此,体育教学要使每一个学生都能找到自己的位置,在教学活动和身体锻炼中得到提高,体验到体育的乐趣,领略到体育的魅力,这就是体育教学中的普及性。同时,体育是为人的全面发展服务的,它必须为学生的个性发展提供足够的空间,这就是体育教学的因材施教原则。一个人才能的高低意味着他对社会贡献的大小以及个人价值的实现程度,在教学中就是要帮助学生在无数的生活道路中,找到一条最能发挥他个人创造性和个性才能的道路。要鼓励学生去发现和发展最适合自己的活动内容、活动方式、活动习惯,支持他们从不同的角度、不同的途径去达到目的,激励他们不断超越自己,体现个性,发展个性和才能。

3.立足课堂,着眼未来

体育课堂教学要增强学生体质,提高学生的健康水平,这是毋庸置疑的。但这不是体育教学的直接目标,体育教学的实质是将教学内容作为一种载体来培养学生的兴趣、能力、意识和习惯,使学生树立正确的健康观念,形成合理的生活方式,具备一定的体育文化素养。因此,在教学过程中,体育教师势必要改革传统的组织教法,使知识与技能教育互相融合,手段与目标趋于一致,为学生的终身体育打下基础。

第四章 体育教学与运动训练研究

第一节 体育教学与运动训练的关系

一、体育教学与运动训练概念的界定

体育教学是教师的教与学生的学的统一活动。具体来说,体育教学是学生在教师有目的、有计划的指导下,积极主动地学习与掌握体育、卫生保健基础知识和基本的技术、技能,锻炼身体,增强体质,发展运动能力,培养思想品德的一种有组织的教学过程,是实现学校体育目标的基本途径之一。体育教学属于学校体育的范畴。体育教学包括体育理论知识的教学和体育技术、技能的教学实践课两种基本形式,并以后一种教学形式为主。

运动训练是指在教练员的指导和运动员的积极参与下,为不断提高或保持运动员的运动成绩而专门组织的一种教育过程。在这个专门组织的教育过程中,教练员要根据运动员所从事的运动项目,采用多种多样的身体练习的方法和手段,对运动员进行身体、技术和战术训练以及心理、智力和恢复训练,有计划地保持或提高运动员的运动成绩。这一概念阐明了三个要点:一是运动训练是一个专门组织的教育过程;二是运动训练以保持或提高运动员的运动成绩为主要目的;三是运动训练是在教练员的指导和运动员的积极参与下进行的。对运动训练的概念,有些学者从比较

广泛的角度认为运动训练是运动员为创造或保持专项运动的最高成绩所做准备的全过程。这一定义除了将前述运动训练的概念所缺的内涵包括在内，还大大地扩大了其外延，也就是把与运动员创造或保持专项运动的最高成绩有关的各个方面，包括所采取的准备、创造和保持专项运动最高成绩的一切措施和办法，都纳入运动训练的范畴之内。

从体育教学与运动训练的概念上不难看出，二者既有共同之处，又各具特点。二者都是有组织的一种教育过程，都是培养人的手段，都是教与学的双边统一活动，都是以身体练习为主并承受运动负荷等。不同之处：二者本质属性上有差异，体育教学属于学校体育的范畴，而运动训练则属于竞技体育的范畴；二者在目的任务上也有差异，体育教学的主要目的是增强体质、增进健康，而运动训练的主要目的是提高运动成绩，夺取各种运动竞赛的奖牌；二者在内容上、方法上、手段上等各方面都存在着明显的不同。

体育教学与运动训练概念的确立反映出人们对其特点的认识与掌握。我国体育教学与运动训练的概念形成已久，其分析与概括也相当完备，但隐藏在概念背后的一些问题却为人们所忽略。概念的归纳是与事物发展过程相逆的活动，事物不断发展变化以图改变现有状态，而人则通过实践经验总结出一定事物的阶段性特征，同时在具体的实践过程中遵从这些原则规律并加以运用。因此，从事物发展的角度来说，概念的确立在一定限度上固然能促进事物的发展，但在运用概念的同时，更应该注重概念的废除与重建，这是社会发展的需求，也是社会体育需求发展的要求。

二、体育教学与运动训练的相同性

（一）二者都需要运动

运动训练需要"运动"是毋庸置疑的，而体育教学也需要"运动"。体育教学最主要的特点就是通过不同的运动来提高学生的身体素质,即学生需要在反复的学习和练习过程中不断提高自己的技能水平,而这个过程能够促进学生身体素质和运动技能的提高。从这一方面来说,无论是体育教学还是运动训练,它们都需要通过"运动"来达成各自的目的。

(二)二者都根据对象的特点选择运动形式

体育教学和运动训练都需要按照学生和运动员的年龄、性别、体质、运动水平等来选择运动项目。如在大学生体育教学中,体育教师应以增强大学生的身体健康为目的,根据大学生的身心特点,选择能够适应其身体负荷的运动项目,并进行合理的搭配、排列与组合,这样才能促使教学过程更加科学化、高效化。而在大学生运动员的运动训练中,教练员同样要根据运动员的身心特点,选择适宜学生发展的训练项目,并需要根据其运动状况,制订详细的运动训练计划,分不同阶段逐渐地提高运动员的运动水平,延长运动员的运动寿命。从这一层面来说,体育教学和运动训练都是要以针对的不同对象的情况为切入点进行教学或训练的。

(三)二者都需要随着时代的发展而发展

随着时代的发展,体育教学逐渐由传统的以传授固有知识为重点的封闭式教育向培养学生创造性思维和终身学习观念教育方式转变。在这种情况下,体育教学的内容需要跟上时代发展的步伐,改变过去的单一的竞技体育知识传授为主的教学方法和内容,将健身、娱乐、休闲等内容作为主要的学习内容。同样,运动训练的方法与形式也随着时代的发展而不断发展。运动训练需要研究最新的比赛规则,使用先进的仪器设备来提高自己的竞技能力。这些都是时代发展带给运动训练的变化。现代社会要想在比赛中获得好成绩,在运动训练中就不仅需要了解诸如运动生理学、运动解剖学等运动专项理论,还要了解世界各国该项运动水平的发展情况,结合我国此项目的当前水平,找到提高运动训练水平的新的训练理念与训练方法。

三、体育教学与运动训练的互补分析

虽然体育教学与运动训练存在着一定的差异,但从实质上看,体育教学活动与运动训练过程在核心内容上有许多相似之处,而这些一致性正是体育教学与运动训练能够有效补充、互相渗透的关键所在,虽然存在的其他约束力使得其自然功能发生一定分化,但是二者发展目标的一致性,这使得二者在整个教学过程中互相补充,相互渗透。体育教学与运动训练各自存在一定的不足和缺陷,这就需要互相借助、相互取长补短,充分利用互补原理解决发展过程中存在的问题。之所以选择互补,就是因为"理论"与"实践"功能上的不同,但它们都是体育教育过程中必不可少的一部分,因此体育教学与运动训练从实质上来说是可以互相借鉴的和补充的。在体育教学过程中,运动训练只是其中一部分,整个体育教学活动依旧建立在教学目的实施方法的基础上,合理应用教学方法和教学理念等教学活动的基础上。运动训练包含多项内容,就目前发展状况来看,运动训练对竞技性的要求更高,而这一过程基本上以运动训练为主,整个运动训练过程的良好完成都是建立在大量运动训练基础上的。在体育教学过程中,教学活动和体育训练的开展,不仅能够帮助有效掌握体育理论,同时能够养成良好运动习惯和健康习惯,而这一系列都离不开运动训练的开展。

对体育教学和运动训练关系的互补分析研究对于体育教育来说十分重要,只有正确地处理好二者之间互相补充、相互促进的关系,才能在教学过程中实现理论与实践的紧密结合,才能够达到运动训练的效果,完成体育教学目的。而通过对二者相同性的正确认识,也将实现体育教学与运动训练之间的合理发展。随着时代要求的不断提升,要想适应这一变化,就需要改变以往传统单一的教学方式,创新教育形式,由封闭教学、机械教学转化为创造性教学。只有教育观念发生了本质的变化,才能跟上不断变化的时代形势。在变化发展的过程之中,转变旧的、落后的发展方式和成长理念,促进新的教育教学理念的形成,这样才能提高我国的体育教学整体水平,促进运动训练成绩的不断提高。

第二节　体育教学与运动训练的发展趋势

一、高校体育教学与运动训练的发展趋势

(一)通过运动训练促进学生素质的全面发展

体育教学的重要表现之一就是发展人的自然素质,这主要是因为自然素质在人的素质结构中最为基础,而自然素质就是指身体素质,且能够通过体育教学进行锻炼与提升。想要达到这一目的的人,就需要承受一定限度上的负荷。高校学生在兴趣爱好、体育观念、身体形态以及素质等方面存在着一定的差异,其体育运动的水平自然也存在着一定的差距。针对这一点,教师就需要通过合理运用运动训练手段,结合学生的实际情况制定出相对合理有效的课程模式,减轻学生在锻炼过程中承受的负荷,使其在体能与体格等方面得到切实有效的锻炼。

(二)体育教学与运动训练的互动发展

要想顺利开展高校体育教学,就需要确保运动训练与体育教学相互依托,互为一体。高校体育教学一旦脱离运动训练,势必缺乏必要的美感与激情,无法使学生的积极性得到调动;体育教学是运动训练的基础,运动训练一旦脱离了体育教学,势必也得不到良好的发展。因此,体育教学与运动训练需做到同步发展,即高校可

将体育教学作为竞技体育发展的基础,充分利用运动训练、课余体育竞赛、课堂教学等方式,使学生的技能水平得到提高,体育意识得到强化,确保学生能够正确、深刻地认识体育,培养出一大批运动技术水平较高的积极分子与体育尖子。另外,竞技运动和训练的持续发展也会使体育教学发展得到进一步促进,即通过开展竞技运动可以使学生的集体荣誉感得到提高,激发学生参与训练的热情与积极性,并最终促进高校体育教学实现健康长远的发展。

二、提升高校体育运动训练有效性的科学策略

(一)培养大学生运动员的运动兴趣

兴趣是最好的老师,人们对某件事情的兴趣爱好,对于推动事情成功至关重要,体育运动训练也不例外。大学生运动员如果具有浓厚的运动兴趣,那么在进行体育运动训练时,就会主动且全心贯注地投入其中,这样他们在整个训练过程中对于体育运动训练方法和体育运动训练技巧的认识更深刻,掌握也更熟练,其体育运动训练的有效性也就随之显著提高。培养大学生运动兴趣的方法主要有两种:第一,鼓励大学生运动员邀请自己的运动员同伴一起进行体育锻炼,并在锻炼前设定竞争规划,锻炼过程中彼此竞争,相互鼓舞,共同提高体育运动训练的效率;第二,鼓励大学生运动员积极报名参加各类体育运动会,通过对实践体育赛事的亲身经历,激发起大学运动员参与体育运动的兴趣。

(二)培养大学生运动员的体育精神

在体育运动训练中,运动员需要消耗大量的体力,拉练全身各个部位,唤醒身体的运动状态,并随时承受运动损伤的风险,也就是说,体育运动训练本身是一件十分艰苦的活动。再加上近年来我国人民生活水平的提高,许多大学生从小娇生惯养,倍受呵护,缺少吃苦精神和顽强的意志,要在这项艰苦活动中长久地坚持下

去,没有体育精神的支持是很困难的。所谓体育精神,一般是指体育运动的整体风貌、体育运动水平、体育运动特色、公正、公开和凝聚力、号召力等,这也是体育的理想、情操、信念、道德与体育审美水平等的标志,是整个体育运动的支柱和灵魂。只有具有了强大的体育精神,运动员在体育训练中,才会更加不畏困难、艰苦奋斗、自觉地维护团队的团结公平。而体育精神并不是每个运动员与生俱来的,而是在平常的体育运动中训练一点点培养起来的。这就需要大学体育运动教练重视大学生体育运动员体育精神的培养,将体育精神融入体育专业理论知识教学中,不断加强大学生体育运动员对体育专业理论知识的学习。通过对体育文化知识的学习,加深大学生运动员对体育精神的深层次精神感悟与理解。

(三)重视大学生运动员良好心理素质的培养和训练

体育运动员的心理素质会显著地体现在体育训练的每一个环节上,有时甚至会细化到运动员的每一个体育动作中。如果大学生运动员缺乏良好的心理素质,心理承受能力差,在体育训练中一旦受到挫折,很容易陷入垂头丧气、情绪失落、萎靡不振等不良运动状态,直接降低体育运动训练的有效性。所以体育运动训练员必须重视大学生运动员良好心理素质的培养,并在平时的体育运动训练中通过科学化的心理素质训练方法不断增强大学生的心理承受能力,促使他们随时保持一个良好的心理状态,并在这种良好心理状态的影响下,使身体训练进入预期的最佳状态。

(四)进一步加强对高校体育运动队的管理

目前我国高校体育运动队的管理并不科学,这就要求相关高校从大学生运动员和体育训练员这两方面进一步加强对高校体育运动队的管理。一方面,在选择大学生运动员时,将他们的文化知识水平与体育技能、体育天赋作为其入选资格的共同依据。另一方面,高校要及时改变传统的体育教师兼任体育训练员的落后管理方式,在大学中将专业的体育竞技和日常的体育教学工作独立开来,并为体育运动队聘请训练水平高、训练经验丰富的专业的体育教练员,负责高校的体育运动训练工作。

(五)制订科学合理的体育运动训练计划

体育运动训练是一件需要长久坚持的艰苦事情,只有经过长期训练,才能实现身体素质的增强与运动技能的提升。尤其是对于专业的体育运动员来讲,运动训练量更大,日常训练过程也更艰苦。这就需要体育运动训练员根据自己丰富的实践训练经验与队员的身体素质状况,制订科学合理的体育运动训练计划,通过该计划将艰巨的体育训练任务细化到各个阶段,各个环节,有步骤性、有重点地展开相关的训练活动,最终达到高效优质的训练目的。

(六)加强对大学生运动员本体感觉的研究

所谓本体感觉,一般是指关节、肌腱、肌肉等身体各个部分的运动器官自身处在不同状态(静止或者运动)时所产生的身体感觉。作为人体最基本的感觉系统,本体感觉的灵敏限度对于体育运动员的训练水平与训练质量有重大影响。一方面,本体感觉在运动员进行体育运动训练时,可以准确提供出运动员身体姿势变换与运动员四肢位置转变的信息,精确地感知到运动员目前所处的相对位置。它虽然不能直接显现在某一体育运动项目上,但是可以间接影响体育运动训练成果。它通过有效控制体育运动员身体各关节的活动,协调运动员的身体各部位的动作配合,促使运动员做出的体育动作更到位,并确保运动员的身体平衡。另一方面,本体感觉还有助于大学生运动员有效预防体育运动训练中的各类运动损伤。所以高校体育运动训练员必须进一步加强对大学生体育运动员本体感觉的研究,深入了解各个运动员的本体感觉灵敏限度,并将其有针对性地应用到日常的体育运动训练中,最终提升大学体育运动训练的有效性。

综上所述,目前我国高校传统的体育运动训练机制存在的问题越来越明显,其落后的训练方法与管理方式已经难以适应时代的发展需要。这就需要各大高校积极采取科学策略,对高校体育运动训练进行变革与创新,通过更加科学化、专业化的训练与管理方法,进一步提升我国高校体育运动训练的有效性,优化高校体育运动训练质量。

第三节　体育教学与运动训练理论实践研究

当下高校各类教学活动中,智育压倒体育的趋势愈演愈烈,德育教育在高校教学过程中也被淡化,因此,体育课堂教学亟须改革,通过构建高效的课堂改革新模式和新体系,贯彻全科育人的教学理念。从当下体育教学实践上来讲,良好的体育教学课程与训练课程关乎人才的培养质量和运动训练专业化技能的提升,对加强学生心理健康教育和学生做好职业生涯规划有着积极影响。

一、高等院校体育教学与运动训练发展性构想

(一)建构特色化体育课程体系

体育课程建设的要求主要从引领、规划、建设等方面入手,这些都是体育课程设置的关键驱动力,可以让各级的院校领导从繁复的事务中脱离出来,还原教育本身。教育主管部门也应该积极组织高校体育课程教材的调研工作,让学校思考、规划体育课程。构建的体育训练专业要符合校本特色化要求。在此基础上,培养高校学生的体育素养,不仅要关注学生评价,更要关注课程评价,摒弃过去重视课堂忽略课程的形式,构建更具特色的运行训练专业课程体系,如此才能构建完整和富有特色的学校运动训练专业化体系。

(二)创新运动训练专业课程设置

通过高校的体育运动训练专业课程创新,让体育课程教学质量实现跨越式发展。我国的体育教育要走特色化发展道路,起点是培养学生的体育运动兴趣,力争让学生养成终身体育锻炼的习惯。开展体育教学活动的目的是培养学生进行体育运动的兴趣,使学生通过体育课程培养体育锻炼能力,养成热爱体育、坚持体育锻炼的良好习惯。高校要不断地深化体育教学改革,发挥学校体育运动训练课程的主导作用,持续推进体育健康教育,让学生全面掌握运动技能,更要重视学生健全人格方面培养。体育运动项目的开设一方面是身体建设,另外一方面是心理建设。体育是一项群体活动,比如篮球、足球等项目需要团队配合,因而为在竞争中获取名次,队员之间需要相互配合,这对提高学生的人际交往能力有很大帮助。所以,教师要鼓励学生多参与体育锻炼,让学生通过体育结交新朋友,并且学会团队之间的配合。

二、高校体育教学课程与运动训练实践性研讨

(一)创新当下教学理念并改革教学内容

很多人将体育看成单纯的体力运动,其实体育在发展进程中更涉及脑力训练。研究发现,经常参与体育锻炼的学生反应和应变能力都比较强,因此,教师在选取运动训练专业学生教学内容的时候,要根据学生的学习特点,结合教学大纲的规定要求,遵循"从简求实""深入浅出"的学习原则,将理论必修的难度降低,让知识偏重操作性,尽量将抽象的知识转向为形象知识,让学生能学、能会、能用,真正达到学以致用。另外,在设置理论选修课程的时候,也要考虑市场需求和学生爱好这两方面因素,加大教育、自然、学科和工具类等边缘学科的课程比重,让学生在学习阶段多涉猎知识,这样不仅能拓展学生的知识面,对培养学生的学习能力的提升

也有切实帮助。

（二）运用自导自讲教学法促进学生能力的提升

自导自讲教学法重视"导"，"导"即为引导，通过引导让学生对知识有初步的了解，然后再深入地探究知识本质内容。这要求学生要具有一定的主动学习意识，能够积极主动地获取知识。教师要发挥"导"的作用，引导学生向正确的学习方向迈进，避免学生在学习过程中走偏，这要求教师要根据课堂所讲内容，结合学生的学习实际，给学生提出基本的问题，学生根据问题开展针对性学习，通过查阅文献资料、分析、思考，提高解决问题的能力，进而达到触类旁通。此外，教师运用自导自讲教学法，能够提高学生的表达能力，激发学生学习兴趣，调动学习主动性，学生的学习主动性也能由此激发。例如，教师在进行《运动心理学》"社会环境与青少年心理"这一章节时，就可以运用自导自讲法展开讲解，课程开始之初给学生讲解有关社会环境对学生状况的影响因素，让学生通过孟母三迁的案例了解环境对人的影响意义。通过事例引入，学生对环境影响因子有了初步探究，通过有趣的案例探究知识的本质内容。这种自导自讲的教学模式在促进学生主动获取知识、提高学生语言表述能力方面发挥了积极作用。

（三）通过讨论研究教学方法助力教学革新

讨论研究教学法将关注点集中在"论"字上面，教师组织学生探究体育课堂教学方面的论点或者难点，讨论的目的一方面是让学生交流看法，另一方面是通过讨论寻求到解决办法。例如，学生在上羽毛球专业课时，不能第一时间掌握好落球的位置，初期接球的时候，直接让膝盖垂直落地，这样不仅不利于方位的调整，还容易导致膝盖受伤。可以借助课程讨论使学生了解到，如若在运动时脚掌倾斜落地，膝盖不垂直下落，就能有效规避这一问题。因此教师在设置问题的时候，需要选择和学生的兴趣与需求结合的问题,给学生充分的准备和思考空间;教师组织教学活动,让学生能够畅所欲言,在学习完成讨论以后,教师要针对学生的状况做总结,使学生能够全面、准确地把握知识。借助讨论,不仅学生的分析、理解和逻辑能力能够得到不同程度的提升,学生的领导能力和协调能力也得以发展。

(四)采用联想对比教学方法完成教学实践转型

新一轮的课程改革不断向纵深发展,运动训练专业教学改革要符合教育改革深化发展的要求,借助现代化教学资源的整体优势,进一步创新现代化教育教学改革发展新模式,培养创造性的高水平运动人才,不断地完善课程改革发展模式,让体育教育活动更趋向高端化、多元化和集聚化。由于传统的体育观将体育的生物价值属性看作教学活动的中心,关于体育的解释更关注生物学科知识,人们将关注点都集中在运动员的体能、技术等方面。体育院校要树立更为全面的价值观,要在体育教学活动开展的同时增设人文社会学科。在教学活动开展的同时,给学生灌输相关的人文理念,这不仅契合人文与科学相融合的教学理念,也让学生在完成体育训练要求的同时,了解体育文化和体育知识,对提升学生整体素养有积极推动意义。

在课程教学改革的过程中,要强调运用横向联想与纵向对比相接的教学方法,该教学法的关键在于一个"比"字,即理论教学过程中将相似的概念、规律或者现象通过不同的方式进行对比,并且在比较中找到相同或者相似点,目的是提高知识理解能力。这要求教师在教学时准确对比不同材料的相似之处,同时要求学生由此及彼地联想之前的知识,让多项知识彼此之间形成内部联系,通过建立恰当的联系,寻找到内在知识认知规律。

高校开设运动训练专业课程不仅是学习的需求,也是培养学生体育素养的关键性举措。因此,教师教学时要转变专业课程的设置形式,转变运行训练的驱动要素,进而完善专项体育课程,提高学生对实践知识的理解能力,借以优化课程训练和课程改革,进而探寻体育课程改革的新模式。

第四节 体育运动训练对体育教学的启示

在科学和经济迅速发展的今天,高校教学中的体育运动训练受到教育领域和各界人士的关注,纷纷研究什么是体育运动训练的基本原则。在国家和教育部的政策指导下,各级各类学校开始重视学生的体育成绩,这在很大程度上加深了全体学生和教师对于体育重要性的认识。体育运动训练一般是以学校本身的体育训练规律为准,此项标准在一定程度上体现了体育运动的有效性和正确性,这些体育标准都是学生和教师在长期的训练中得出的。

体育有其独特的文化性,高校教学过程中开展了多项体育训练项目,每一项体育训练项目都有着其独特的优势,具有不同的功能,发挥着不同的作用。体育教学和体育运动训练有所区别,各有特点,二者在教育实践过程中发挥着不同的作用。对体育教学和体育训练的基本特征进行深入了解,合理掌握二者之间的关系,可以帮助更好地在高校开展体育教学和体育训练工作,推动高校体育教学工作的健康进行。

一、运动训练与体育教学之间的联系

运动训练与体育教学之间有着紧密的联系,在体育教学中经常会借助运动训练的方式来达到预期教学效果。简单来说,运动训练就是预先设立好体育训练的目标,进而通过一定强度的运动任务来达到预期训练效果。运动训练是提升学生身体素质水平、增强学生运动能力的有效途径。在体育教学活动中,体育教师应当充分利用科学合理的运动训练方法来促进学生运动水准与体育能力的提升,通过规范化的训练和教学提高学生的体育成绩,达到理想的体育教学效果。规范化运动训练主要可以分为身体训练以及战术训练两种模式。运动训练具有较强的专业性特点,教师在体育教学中需要进行专业的示范和指导,然后引导学生进行反复、大量的训练,如此才能够获得良好的训练效果。教师在体育教学中运用运动训练需要综合考虑学生的体质特征、接受能力以及训练目标等多方面因素。除此之外,还应当结合教学目标、场地以及设备条件等合理设计运动训练的内容和强度。运动训练有效展开的影响因素有很多,教师的专业水平、学生的身体素质水平、运动项目和教学目标等都是影响体育教学中运动训练方式的主要原因。因此,教师需要在保持专业水准的基础上,对运动训练有更为深入的把握和理解,如此才能够充分发挥运动训练的积极作用和效果,促进体育教学有效性的提升。

二、体育运动训练对高校体育教学的启示

(一)体育训练的内容和过程对体育教学的启示

运动训练主要是针对一些具有竞争性的运动项目而开设的。体育竞技能带给人们精神上的享受,是人们生活娱乐的一种方式,同时也是一种具有较高水准的体育活动。竞技不仅能带给人们许多快乐和享受,还能够动员全校师生参与其中,在锻炼身体、丰富课余活动的同时体会体育活动带来的乐趣。一些天赋较好的运动员在竞技比赛的过程中全力以赴,超越自我,也成为学生学习的榜样,其体育精神可以鼓舞士气,引导越来越多的人参与到体育活动中,并且爱上体育运动。例如,教师在组织跑步比赛时,要考虑到体育活动给学生带来的影响。跑步比赛能够激发学生的竞争意识,使学生在赛跑中不断提升自己,获得全新的体会和感受。这对

学生的身心健康发展非常有利,能够帮助学生进一步激发自身潜能,发挥更大的优势。同时,这对学生的全面发展也非常重要,如果想让学生切实发挥出自身能力,教师在组织比赛时就必须结合体育训练的内容进行考虑,将重点放在学生整体素质的培养上。

(二)训练方法和训练原则对体育教学的启示

学生在参加体育训练时往往会受到许多教学因素的干扰。学生在参加体育训练时,教师使用的方法应严格按照教学原则来施行,不能存在偏差。与此同时,学校和教师要根据教学的情况和学生体育训练的实际情况,定期进行研讨,总结相应的经验,只有不断地总结训练方法和相应的训练原则,才能更好地帮助学生积极、健康地参加体育活动。高校体育训练所采取的教学方法和原则有很多相同之处。例如,在进行俯卧撑训练时,教师可以给学生以正确姿势的指导,这有利于学生掌握正确的体育训练方法,在锻炼过程中不断提高自身素质;同时,这也有利于学生在训练过程中养成认真负责的态度,以及养成良好的学习习惯。因此,训练方法和训练原则对体育教学而言非常重要,为促进学生的身心健康发展,教师应结合体育训练的过程,逐渐提升整体学生的体育素质。体育训练基本原则对高校体育教学有很大推动作用,要求教师必须利用合理的训练方式来进行体育教学。

(三)先进知识与科学技术的启示

运动训练具有一定的专业性和系统性,在训练过程中会采取一些较为先进的训练理念和训练方法,也能够接触到最为先进的训练器材设备等,还能够充分地与最新的科技水平相结合。相较而言,运动训练具有一定的先进性和专业性,而这些方面刚好可以弥补体育教学的不足,教师在体育教学中可以利用运动训练中的先进知识与专业技能展开教学活动,进而提高体育教学的质量与水平,全面促进体育教学有效性的提升。

体育训练的开展工作是一个连贯的过程,学生在参加体育活动时必须严格遵循健康性原则和全面性原则。学生在参加体育活动时要积极踊跃,教师要选择有针对性的项目开展训练,将学生培养成全面型体育人才。教师自身也要具备较强的专业教学能力,通过运用适合教学内容的体育设施帮助学生更好地参加体育活动,从而培养出一批又一批优秀的体育人才。

三、高校体育运动训练课的发展策略与建议

(一)完善课程设置,坚持"健康第一"的教学理念

高校应完善课程设置,开设多门体育选修课程。课程设置应以学生为主导,充分考虑学生现有的心理水平及兴趣,重视学习过程和学生的主体地位,全面提升学生的综合素养。高校应不断转变传统的以运动技术为核心的教学模式,逐步树立起"以运动竞赛为中心、以健康为首"的新型教学理念,从而促进大学生的全面发展;应以增强学生体质、提高学生体育锻炼能力为目标,培养学生全面运动、健康第一的体育意识;要以创新进取、提升实践能力为中心,通过多样化的体育手段,激发学生参与体育训练活动的积极性;摒弃以教材、技术和课堂为中心的传统教学观念,关注体育教育,使大学生的身心素质得到全面提高。

(二)完善体育场馆设施,加强高校体育师资建设

体育场馆设施及各类体育运动器材是高校开展体育教学活动的基本前提。在我国,大部分高等院校的体育经费是政府拨款或者由高校自身筹备而来。假如不能正确分配这些教育经费,势必会影响高校体育教学的改革进程。基于此,在继续扩招的前提下,高校还应确保体育经费与学生数量同步,并加大体育经费支持力度,逐步完善校内各项体育设施,从而更好地满足高校当前的扩招需求。与此同时,教师是高校体育运动训练课程教学中的引导者,

其综合素质的高低,不仅关系到体育教育改革的成功与否,同时也影响着体育教学的工作质量。为此,各高校应吸引和培养更多经验丰富的体育教师,使师资队伍结构得到全面调整和优化。高校应引导和扶持中青年教师在职期间接受深层次教育,使这些教师的专业能力得到提高;要创造优越的教学环境,吸引教学经验丰富的体育教师入职本校,从而不断优化体育教师的人才结构。

(三)丰富教学训练方法,构建科学的教学评价体系

教师应立足教学实际,将教法与学生的学法综合起来,营造有助于学生全面发展的和谐环境;要以学生为主导,恰当运用探究式教学法、合作学习教学法等方法,不断提高教学效果及质量,促进教学目标的顺利实现。此外,要构建科学的教学评价体系。体育课程评价是体育教学中必不可少的环节,一旦评价方式运用不恰当,很容易降低学生的学习主动性,严重时还将导致其厌烦体育课。基于此,一套有效的评价体系应包含运动技能、活动参与以及社会适应等诸多方面。高校体育运动训练成绩的评价,既要遵循体育与健康课程标准中的相关要求,同时也应关注学生学习的各个阶段,要综合运用学生自我评价、他人评价等方式,使体育运动训练课的教学质量得到有效提升。同时,在实际的教学过程中,体育教师应做到"因材施教",针对那些素质条件先天不足的学生,应适时予以鼓励,从而帮助其树立学习体育的信心。

第五章　体育教学基础运动实践指导

第一节　田径运动实践指导

一、田径运动的基本概况

田径运动是体育运动的重要组成部分,是最古老的体育运动项目之一,是人类在社会实践中逐步产生和发展起来的最基本的运动项目之一,逐渐成为人类生活、工作中的基本技能。现代田径运动是指由走、跑、跳、投与全能所组成的运动项目,是一种结合了速度与能力、力量与技巧的综合性体育运动。

田径运动是各类体育运动项目的基础,其基本运动形式为走、跑、跳、投,分个人和集体项目,每个项目都有自身的特点,突出反映人的速度、力量、耐力等某一方面的能力。对大学生而言,参加田径项目,能全面地、有效地提高人的身体素质和发展运动技能,而且田径项目不受人数、年龄、性别、季节、气候等条件限制,便于在高校中广泛开展。

二、田径运动技术教学指导

(一)跑类项目技术教学

1. 短跑技术学练

(1)起跑技术

短跑运动的起跑包括起跑前的准备姿势和起跑动作,要求反应快,起动有力,使身体由静止状态获得最大向前冲力(初速度)。因此起跑技术对全程速度和成绩影响很大。根据田径比赛的规则,田径短跑项目中的起跑必须采用蹲踞式起跑,它包括各就位、预备、鸣枪(跑)三个过程。

①各就位

"各就位"口令是要求学生在比赛中做好比赛准备的第一步,也是短跑起跑的第一个过程。学生听到"各就位"的口令后,走到起跑线前,把有力的脚放在前面,身体下蹲,两手在起跑线前撑地,两脚前后分开约一脚半的距离,左右距离大约为10厘米,后膝跪地,两臂伸直,两手相距与肩同宽或稍宽于肩。四指并拢与拇指呈八字形张开,虎口向前,头微低,颈放松,肩约与起跑线平齐,背微弓,双眼看前下方40~50厘米处,注意听"预备"的口令。

②预备

"预备"口令是要求学生做好起跑准备的提示,当学生听到"预备"的口令后,两脚用力后蹬,后膝抬起,臀部提起稍高于肩,背微隆起,重心前移,两肩稍过起跑线。这时学生的重心要落在两臂和前腿上。前后腿、大小腿的夹角分别为90°和120°左右,集中注意力听枪声。

③鸣枪

当学生听到枪声后,两手迅速推离地面,屈肘前后有力摆动,同时两腿快而有力地蹬地,然后后腿以膝部领先迅速向前上方摆动。前腿充分蹬直,使髋、膝、踝关节成一直线,上体保持较大前倾。后腿前摆至最大程度后,大腿积极下压,用前脚掌在身体重心投影后下方落地。刚开始跑时注意步幅不宜过大,上体要在起跑过程中逐渐抬起。

(2)途中跑技术

短跑运动的途中跑是整个快速跑中的主要阶段,在途中跑过程当中,学生应尽量放松,腿部动作幅度大,步子频率快,前脚掌积极而富有弹性地落地,用踝、膝积极缓冲过渡到后蹬。后蹬时摆动腿应迅速有力地向前上方摆出,积极带动髋关节前送,迅速伸展膝、踝关节,最后用脚趾蹬离地面。后蹬角约为 50°左右。两臂的摆动有助于维持身体平衡、加快步频和加大步幅。摆臂时两手半握拳,肘关节自然弯曲成 90°,以肩为轴快速有力地前后摆动。跑动中面朝前方,目视终点,颈部放松,躯干保持正直或稍前倾。注意动作轻松有力,协调自然,步幅要大,频率要快,重心平稳,跑成直线。呼吸要短而快,千万不可憋气。

（3）终点冲刺技术

短跑运动的终点冲刺是全程的最后阶段,一般为 15～20 米。技术和途中跑基本相同,但要加强两腿蹬地力量和两臂的摆动,上体可适当前倾,到离终点最后一步时,上体要迅速前倾,撞终点线应用胸或肩部位触及。

2. 中长跑技术学练

（1）起跑技术

起跑是中长跑运动的第一个运动过程,一般采用"半蹲式"起跑或"站立式"起跑两种起跑方式。

①"半蹲式"起跑

学生到起跑线后,有力的脚在前,站在起跑线后沿,另一脚向后站立,两脚前后距离约一个脚掌。前腿的异侧臂支撑地面,支撑地面的手将拇指与其他四指分开呈"人"字形撑在起跑线后沿,另一臂放在体侧。这时学生的重心主要落在支撑臂与前腿上。这种姿势比较稳定,学生不容易因重心不稳而犯规。听到发令员枪响后,两腿迅速并行蹬伸,后面的腿积极屈膝前摆,两臂则配合两腿的蹬摆动作进行屈臂前后摆动,整个身体向前俯冲,以便在较短的时间内获得较快的初速度。

②"站立式"起跑

学生到起跑线后,两脚前后开立,有力的脚在前,脚尖紧靠起跑线后沿,前脚跟和后脚尖之间的距离约为一个脚掌长,两脚左右间距约为半个脚掌长(15～20厘米)。重心大部分落在前脚掌上,后脚用脚尖支撑站立。两腿弯曲,上体前倾,头部稍抬,眼看前面7～8米处,身体保持稳定姿势,集中注意力听枪声。这时两臂的姿势有两种:一种是前腿的异侧臂在前,同侧臂在体侧;另一种是两臂在体前自然下垂。听到鸣枪或"跑"的口令时,两脚用力蹬地,后腿蹬地后迅速前摆,前腿充分蹬直,两臂配合两腿动作快而有力地摆动,使身体迅速向前冲出,以获得较快的初速度。

(2)加速跑技术

加速跑是学生在中长跑运动中获得较快的途中跑速度的重要技术环节。在加速跑的过程中,上体前倾稍大,摆腿、摆臂和后蹬的动作都应迅速而积极。加速跑的距离主要根据项目、个人特点与比赛情况而定,一般800米要跑到下弯道才结束,1500米跑到直道末才结束,然后进入匀速而节奏的途中跑阶段。

(3)途中跑技术

途中跑是中长跑运动的主要部分,对学生而言,掌握途中跑的技术非常重要。学生中长跑运动途中跑技术的学练具体有下列几种。

①上体姿势

在途中跑过程中,学生的上体自然挺直,适度前倾15°左右,跑的距离愈长,上体前倾角度愈小,胸要微微向前挺出,腹部微微后收,头部自然与上体成一直线,颈部肌肉放松,眼平视。尽量避免上体左右转动或扭动,后蹬时髋前送,以提高后蹬效果。

②摆臂

在途中跑过程中,学生臂的摆动应和上体及腿部动作协调一致。正确摆臂能维持身体平衡,并有助于腿的后蹬。中长跑时,两臂稍离开躯干,肘关节自然弯曲,半握拳,两肩下沉,肩带放松,以肩为轴前后自然摆动,前摆稍向内,后摆稍向外,摆幅要适当,前不露肘、后不露手。摆臂动作幅度应随跑速大小而变化，感到疲劳时，可改为低臂摆动，以减少疲劳。

③腿部动作

中长跑的途中跑大致可以分为三个阶段，即后蹬阶段、腾空阶段和落地缓冲阶段。

后蹬阶段：当身体重心移过支撑点以后，支撑腿就进入了后蹬阶段。当摆动腿通过身体垂直部位继续向前摆动时，支撑腿的各关节要迅速伸直。后蹬时各关节要充分伸直，首先以伸展髋关节开始，在摆动腿积极前摆的配合下向前送髋，腰稍向前挺，此时膝关节、踝关节也积极蹬直，这样能够适当地减少后蹬角度，获得与人体运动方向一致的更大水平分力，推动人体更快地向前移动。在后蹬结束时，后蹬腿完全伸直，上体、臀部与后蹬腿几乎成一直线，摆动腿使小腿与蹬地腿成平衡状态。

腾空阶段：后蹬腿蹬离地面后，人体进入腾空状态。其任务是最大限度地放松蹬地腿的肌肉，并积极地将大腿向前上方摆出。当后蹬腿的大腿向前上方摆动时，膝关节的有关肌肉群放松，小腿顺惯性与大腿自然折叠。当摆动腿的大腿摆至与地面垂直时，骨盆向摆动腿一侧下降，摆动腿的膝关节低于支撑腿的膝关节。这样摆动腿一侧的膝关节比较放松，肌肉用力与放松交替控制得好。

落地缓冲阶段：当大腿膝盖摆到最高位置后开始下压时，膝关节也随之自然伸直，用前脚掌做"扒地式"的着地。当脚与地面接触之后，膝关节和踝关节弯曲，脚跟适度下沉，脚着地点更靠近重心投影点，落在重心投影点前一脚左右的地方。跑时可用脚掌外侧着地过渡到全脚掌，也可用全脚掌着地，着地动作要柔和而有弹性，两脚应沿着直线落地。落地后立即进入下一个"后蹬阶段—腾空阶段—落地缓冲阶段"过程的循环。

（4）弯道跑技术

中长跑运动中约有一半以上的距离是在弯道上进行的。学生要想克服沿弯道跑进时产生的离心力,身体可适当向左斜,跑速越快向左倾斜的程度越大。摆臂时,右臂向前摆的幅度稍大,前摆时稍向内,左臂后摆幅度稍大。摆动腿前摆时,右膝前摆应稍向内扣,左膝前摆稍向外展。脚着地时,右腿用前脚掌内侧着地,左腿用前掌外侧着地。弯道跑时,应靠近跑道的内沿,以免多跑距离。在比赛中最好不要选择在弯道上超越对手。

(5)终点跑技术

终点跑是学生在到达终点前的一段加速跑,其动作要求基本上和短跑相同。这时学生已处于疲劳状态,需要依靠顽强意志冲向终点。跑的动作应该是摆臂加快而用力,加强腿的后蹬与前摆。由于中长跑的距离不等,学生可以根据个人的余力、场上情况和战术要求来决定冲刺的距离。一般情况下,800米跑可在最后200～250米开始加速并逐渐过渡到冲刺跑;1500米可在最后300～400米逐步加速。

(6)呼吸技术

学生在参加中长跑锻炼时,掌握好呼吸的节奏很重要。具体来讲,中场跑中正确的呼吸方法应该是口与鼻共同进行的,通常是采用微张口与鼻同时吸气,用口来呼气。在寒冷的季节里,吸气时为了避免冷空气直接从口腔进入体内,可采用卷起舌尖抵住上颚的口腔吸气方法来缓解冷空气吸入。呼吸的节奏应和跑步的节奏相配合。慢速跑时,可采用三步一呼、三步一吸的呼吸方式;快速跑时,可用两步一呼、两步一吸的呼吸方式。

(二)跳跃项目技术教学

1.跳远技术学练

(1)助跑技术

在跳远运动中,助跑的目的是获得最大的水平速度。跳远的助跑步幅要稍小些,频率要较快,身体重心较高,节奏性要强。助跑时应沿直线逐渐加速,跑到起跳板时应达到最高速度,为踏跳做充分准备。运动实践中,助跑距离的长短因人而异。一般来说,男子助跑距离为 35～45 米,女子助跑距离为 30～35 米。

(2)起跳技术

学生在快速跑助跑的情况下,通过快速有力的助跑来获得必要的垂直速度,并尽量在保持水平速度的前提下,使身体腾起。在跳远中水平速度大于垂直速度,腾起角小于 45°。起跳是跳远技术的关键。当学生的助跑将要结束时,在助跑的最后一步,当摆动腿得到支撑时,起跳腿快速跑动,向前折叠和摆动,上体正直或稍后仰。在起跳脚着地的刹那,助跑水平速度的惯性和身体重力给起跳腿带来了很大的压力,迫使起跳腿的髋、膝、踝关节弯曲缓冲,全脚掌迅速滚动,身体前移,两臂积极向上摆动至与肩齐平时突然停止,摆动腿的大腿积极向前上方摆至水平位置,小腿自然下垂,完成起跳动作。

(3)腾空技术

学生起跳腾空后,身体应尽量保持平衡稳定,并做好落地的准备。上体正直,摆动腿屈膝前摆,大腿高抬并保持水平姿势,起跳腿自然放松地留在后面,成腾空步姿势。跳远腾空姿势有以下三种。

①蹲踞式

学生在腾空步以后,迅速将起跳腿提至前方与摆动腿并拢,双腿屈膝向胸前靠近,同时上体稍向前倾。快要落地时两腿向前伸出,同时两臂向后摆。当脚跟触及沙面时,两膝近地面弯曲,两臂从后向前摆动,身体重心前移以保证平稳落地。

②挺身式

学生在腾空步后,摆动腿自然下落,小腿向前、向下、向后弧形摆动,使髋关节伸展,两臂向下、向后上方摆振。这时留在身体后面的起跳腿与向后摆的摆动腿靠拢,臀部前移,胸、腰稍向前挺,形成挺身展体的姿势。落地前两臂由后上方向前、向下、向后摆动,收腹举腿。上体前倾以保证平稳落地。

③走步式

在跳远运动中走步式跳远难度较大,要求学生在腾空阶段完成走步的动作。当学生起跳动作完成后,身体呈现"腾空步",处在身体前方的摆动腿应以髋为轴,用大腿带动小腿向下、向后方摆动,同时处在身体后方的起跳腿则以髋关节为轴,大腿向上抬摆,并且屈膝带动小腿前伸,完成两条腿在空中的交换动作。两臂也要配合两腿的换步进行绕环,以维持身体平衡。

(4)落地技术

跳远的落地技术有以下两种。

前倒落地:脚跟落地后,前脚掌下压,屈膝并向前跪,使身体移过支撑点后继续向前移动,身体前扑倒下。

侧倒落地:脚跟落地时,一腿紧张支撑,另一腿放松,身体向放松腿的一侧倒下。

2.跳高技术学练

(1)助跑技术

助跑前应先熟悉助跑的距离。助跑弧线丈量方法:先确定起跳点,起跳点一般在距离近侧跳高架的立柱 1 米左右,离横杆投影点 50~90 厘米。由起跳点沿横杆的平行方向向前自然走五步,再向右转 90°角向前自然走六步做一标志,再向前走七步画起跑点(最后一步一般比倒数第二步短 10~20 厘米)。由标志点向起跳点画一弧线(半径约为 5 米),即为最后四步的助跑弧线。跳高运动中,以背越式跳高为例,学生的助跑路线分前后两段,前段跑直线,后段跑弧线(最后三、四步)。用远离横杆的腿起跳。助跑的距离一般为 6~8 步或 10~12 步。起跑点和起跳点的连线与横杆夹角约为 70°左右,弧线半径 5 米左右。

助跑过程中,助跑的前段应快速跑,跑法和普通加速跑相似。后段由于跑弧线,所以身体向圆心倾斜,跑速愈快,斜度愈大,前脚掌沿弧线落地。助跑的特点是身体重心高,步频快,小腿伸得不远,落地更为积极。这样便于保持较大的水平速度,有利于做快速跑有力的起跳动作。由于是弧线助跑,起跳时身体侧对横杆,因而转体较为容易。整个助跑过程中身体应较松、自然,跑的过程中注意高抬膝关节。

(2)起跳技术

良好的起跳能使学生把助跑时所获得的水平速度转变为垂直速度,使身体腾空。学生的起跳动作可细分为起跳、脚着地缓冲和蹬伸三个阶段。当学生助跑到倒数第二步结束,摆动腿支撑地面后,在摆动腿迅速有力后蹬推动身体快速跑前移的作用下,起跑腿迅速以髋关节带动大腿积极向前迈步,起跳脚顺弧线的切线方向踏上起跳点,以脚跟外侧领先着地并迅速滚动到全脚掌。同时两臂要配合摆动腿迅速向前上方摆起,重心快跟,上体积极前移,使起跳腿缓冲。跳时,起跳腿的髋、膝、踝关节必须充分伸直,这是直立腾起的关键,同时双肩倒向横杆,使骨盆比肩更迅速地上升而使身体尽量与地面保持垂直,身体重心轨迹与足迹重叠,以便为最后用力地蹬伸腾起创造有利条件。当身体重心移至起跳点上方时,起跳腿迅速而有力地蹬伸,完成起跳动作。注意起跳要求和助跑的最后几步要衔接紧凑。

(3)过杆和落地技术

一些学生在起跳后由于摆动腿屈膝向异侧肩前上方的积极摆动,使身体腾空后逐步转为背对横杆的姿势,这时不要急于做过杆动作,而要努力保持身体的上升趋势。当肩和背高于横杆时,两肩迅速后倒,充分展髋,小腿放松,膝部自然弯曲,身体成反弓形,背部与横杆成交叉状态,反弓仰卧在横杆上方,髋部的伸展动作要延续到臀部过横杆。当膝盖后部靠近横杆时,两小腿积极地向上举。含胸收腹,以肩背领先过杆,过杆后注意落垫时的缓冲。

（三）投掷项目技术教学

1. 推铅球技术学练

（1）握法和持球

以右手为例，握球时，五指自然分开弯曲，手腕背屈。把球放在食指、中指和无名指的指根处，拇指和小指自然地扶在球的两侧。握好球后，把球放在锁骨窝处，贴近颈部，手腕外转，掌心向外，手臂肌肉放松，握球要稳。

（2）预备姿势

推铅球的技术有侧向滑步投、背向滑步投和旋转投三种方式。这里重点介绍背向滑步的预备姿势。背向滑步的预备姿势有两种，具体如下。

①低姿势

学生持球背对投掷方向，两脚前后开立 50～60 厘米，右脚跟正对投掷方向，左脚以脚尖或前脚掌着地，左臂自然下垂或前伸，两腿自然弯曲，上体前俯，重心落在右腿上，双眼看前下方 2～3 米处。这种姿势容易维持平衡。

②高姿势

学生持球背对投掷方向，右脚尖贴近圆圈，脚跟正对投掷方向，重心在右脚上。左脚在后，并以脚尖或前脚掌着地，距右脚 20～30 厘米。上体正直放松，左臂自然上举或前伸，双眼看前下方 3～5 米处。这种姿势较为自然放松，能协调地进行滑步动作、提高速度。

（3）滑步技术

良好的滑步技术能使人体和铅球获得一定的水平速度，并为最后用力创造良好的条件。

在做滑步前，学生可做 1～2 次预摆。当摆动腿向后上方摆出，上体自然前俯，左臂自然地伸于胸前。然后左腿回收，同时弯曲右腿,当左腿回收到接近右腿时,身体重心略向后移,紧接着左腿向投掷方向拉出,右腿用力蹬伸,当脚跟离地面后,迅速拉收小腿,右脚向内转扣,并用前脚掌着地,落在圆圈中心附近与投掷方向约成130°角。这时左脚要积极下落,以前脚掌内侧迅速地落在直径线左侧靠近抵制板处。两脚落地的时间越短越好,从而使动作连贯,并能迅速地过渡到最后用力。

（4）最后用力和投掷后维持身体平衡

在推铅球运动中,学生投掷铅球的方法不同,其最后用力维持身体平衡的方法也不同。以背向滑步技术为例,学生最后用力后的身体平衡具体如下。

当学生的左脚积极着地的一刹那,最后用力就开始了。在滑步拉收右腿的过程中,右膝和右脚向投掷方向转动,右脚着地后还要不停地蹬转,并推动右髋向投掷方向转动。上体逐渐向上抬起,在右髋的不断前送中很快地向左转体,挺胸抬头,左臂摆至身体左侧制动,两脚积极蹬伸,同时右臂将铅球积极推出,在铅球快离手时,手腕和手指迅速向外拨球。投球的角度一般为38°～42°。当球离手后,立即将右腿换到前面,屈膝,降低重心,以维持身体平衡。

2.掷标枪技术学练

（1）握枪和持枪

①握枪

握标枪的方法主要有现代式握法和普通式握法两种,以右手投掷为例介绍如下。

现代式握法:现在大都采用的握法是将标枪斜握在掌心,拇指与中指握住标枪缠绳把手末端第一圈上端,食指自然地贴在标枪上,无名指与小指也自然握住绳把。

普通式握法：用拇指和食指握住标枪缠绳把手末端的第一圈，其余三个手指握住绳把。

②持枪

持枪的方法有很多，不管是哪一种持枪方法都应有利于持枪助跑发挥速度，有利于引枪并控制标枪的位置和角度，并保持肩部放松和持枪臂的放松。以下重点介绍肩上持枪法和腰间持枪法。

肩上持枪：把标枪举在肩上，弯曲的投掷臂和手腕控制标枪，标枪的尖部略低于尾部，整个标枪稍高于头部，放松手腕。

腰间持枪：握枪后将标枪置于腰侧，助跑时枪尖在后，枪尾在前，持枪助跑仍像平跑时那样前后摆臂，进入投掷步时再引枪，将枪尖对准投掷方向。这种方式引枪时，需翻手腕将枪尖对准前方，因此难度较大。助跑时肩、臂动作自然放松。

(2)助跑技术

同推铅球的滑步、掷铁饼的旋转一样，掷标枪助跑的作用是使人体和标枪获得一定的预先速度，并控制好标枪的位置，为引枪和超越器械创造良好的条件。掷标枪的助跑由两个部分组成：第一段是预跑，即持枪跑；第二段是标枪特殊的助跑，即投掷步。

①预跑阶段

掷标枪的助跑一般要 25～35 米。从第一标志到第二标志大约 15～20 米距离作为预跑阶段，通常跑 8～14 步。预跑段时，投掷臂持枪，上体稍前倾，用前脚掌着地，高抬大腿，蹬伸动作有力，动作轻快而富有弹性，并且助跑的节奏性要强，持枪臂和另一臂要与两腿动作协调配合，双眼平视，头部自然抬起。

学生在预跑段的助跑应是逐渐加速的，助跑的步长也要稳定，助跑阶段也要能控制，以有利于完成投掷步和最后用力为前提。掷标枪助跑时的速度为本人最高跑速的 60%～85% 时，就是适宜助跑速度。但这也得根据个人的技术熟练程度而定。对初学者来说，预跑段的助跑速度要控制好，如果技术熟练，可提高助跑速度。

②投掷步阶段

在掷标枪的投掷步过程中，包含着一个特殊的交叉步，为此，有人把掷标枪的投掷步阶段称为交叉步阶段。投掷步阶段是从第二标志开始到最后用力的这一阶段。实际上是从预跑加速过渡到最后用力直至标枪出手这一系列的动作阶段。投掷步的任务是通过特殊的助跑技术，使下肢动作加快，在快速跑向前运动中完成引枪，并且通过投掷步使身体超越器械，为最后用力和出手创造良好条件。投掷步通常跑 4～6 步，男子大约需 9～15 米，女子 8～13 米。投掷步有跳跃式和跑步式两种形式。

跳跃式投掷步：腾空时间较长，两腿蹬伸的力量大，有利于引枪动作和超越器械的完成，动作也比较轻快自如。但这种跳跃式的投掷步，要防止跳得过高，否则会因重心起伏过大，影响动作的直线性和连贯性。

跑步式投掷步：近似平常跑步，特别是向前速度较快，身体向前平直，但不利于形成身体的超越器械。

（3）最后用力和标枪出手后的身体平衡

学生在投掷步的第三步右脚落地后，髋部因惯性向前继续运动，身体继续向前运动，在身体重心越过了右脚支撑点上方时（左脚还未着地），右腿积极蹬伸用力。左脚着地时，左腿做出有力的制动动作，可加快上体向前的运动速度。右腿继续蹬地，推动右髋加速向投掷方向运动，使髋轴超过肩轴，并带动肩轴向投掷方向转动。在肩轴向投掷方向转动的同时，投掷臂快速跑向上翻转，使上体转为面对投掷方向，成"满弓"姿势。

此时投掷臂处于身后，与肩同高，与躯干几乎成直角，标枪处在肩上后方,掌心向上,枪尖向前。当学生的身体成"满弓"姿势后,胸部继续向前,将投掷臂最大限度地留在身后,右肩部的肌肉最大限度地伸展。由于向前的惯性的作用,左腿被迫屈膝,随即做迅速有力的充分蹬伸,同时以胸部和右肩带动投掷臂向前做爆发性"鞭打"动作,并使用力的方向通过标枪纵轴。

标枪出手后,保持身体平衡是全过程的结束动作。为了防止人体越过投掷弧而造成犯规,标枪出手后,右腿应及时向前跨出一大步,降低身体重心,以保持平衡。为了保证最后用力时可以大胆向前做动作而又不犯规,注意最后一步左脚落地点至投掷弧的距离应在 1.5~2 米之间,避免距离过远或过近。

第二节　体操运动实践指导

一、体操运动的基本概况

"体操"一词源于古希腊语,古希腊人将从事锻炼的各项走、跑、跳、攀登、爬越、舞蹈、军事游戏的内容统称为体操,体操是当时所有运动的总称。这一概念沿用了较长时间。19世纪末,欧美各国相继涌现了一些新的运动项目,并建立起"体育是以身体活动为手段的教育"的新概念。至此,"体育"一词才逐步取代原来体操的概念成为身体运动的总称,体操也从内容和方法上区别于其他的身体运动形式,形成自身独立的运动项目和现代的概念。

现代体操指的是通过徒手、持轻器械或在器械上完成不同类型与难度的单个动作、组合动作或成套动作,充分挖掘人的潜能,表现人的控制能力,并具有一定艺术要求的体育项目。随着时代的变革,体操运动的项目和运动方式等得到了不断发展和完善。

现代国际竞技体操向难、新、美、稳相结合的艺术化方向发展。可以预期，随着竞赛复杂化、选手年轻化与训练科学化等程度的不断加深，体操技术将会迅速发展到一个新的水平。

二、体操运动技术教学指导

(一)体操初级技术教学

1. 技巧

(1)倒立

倒立有很多类型，包括肩肘倒立、头手倒立、手倒立、直臂屈体分腿慢起手倒立等。

①肩肘倒立

坐撑，上体后倒，收腹举腿，当脚尖至头上方时，两臂在体侧下压，两腿上伸。至倒立部位时，髋关节充分挺开，臀部收紧，屈肘手撑背部，停住。

②头手倒立

蹲撑，两手在体前撑地与肩同宽，用头的前额上部在手前约等边三角形处顶垫。一脚稍蹬地，另腿后上摆，接近倒立时，并腿上伸，身体挺直成头手倒立。

③手倒立

直立，两臂前上举，接着体前屈，两手向前撑地(同肩宽)，稍含胸，一脚蹬地，另腿后摆。当摆动腿至垂直上方时，蹬地腿向摆动腿并拢，顶肩立腰，全身紧住成手倒立。手倒立的控制，如重心向前时，手指要用力顶住，同时稍抬头顶肩。如重心向后时，掌跟用力，稍冲肩。

④直臂屈体分腿慢起手倒立

由分腿屈体立撑开始，肩稍前移，含胸顶肩，收腹向上提臀，两腿靠紧体侧。当臀部上提接近垂直部位时，两腿由两侧向上并拢，同时肩随之后移,成手倒立。

(2)平衡

①俯平衡

直立,单腿后举,上体慢慢前倒,成单脚站立,另一腿尽量向后高举,挺胸抬头,两臂侧举成平衡姿势。

②侧平衡

由站立开始,一脚站立,一腿侧举,同时上体侧倒,一臂上举,另一臂稍屈贴于体后,成侧平衡姿势。

2. 单杠

(1)蹬地翻上成支撑

①动作要领

直臂正手握低杠站立,屈臂上步于杠前垂面,后腿由后经下向前摆动。同时前腿蹬地向后上方跳。同时屈臂用力引体、倒肩、腹部靠杠,当身体转斜到 45°时,双腿伸直并拢,当身体翻转后水平时,制动双腿,抬上体,翻撑杠。

②练习方法

A. 跳上支撑前倒慢翻下。

B. 单腿蹬高处做翻上。

③保护与帮助

保护者站在杠前侧方,当练习者蹬地后,一手托其臀部,另一手托其肩部帮其翻转。

(2)后向大回环

①动作要领

由手倒立开始,身体下落时要直臂顶肩,脚向后远伸,身体尽量伸直,使身体重心远离握点,前摆接近下垂直部位时要"沉肩",体稍后屈,摆过垂直部位 30°～40°时,迅速向前上方兜腿,稍屈髋,当身体接近杠上垂直部位时,向上伸腿展髋,同时顶肩翻腕成手倒立。

②练习方法

A. 悬垂大摆,体会沉肩。

B. 在海绵包前做手倒立、顶肩后翻成俯卧。

C. 在保护与帮助下练习。

③保护与帮助

保护者站在杠侧高台上,一手从杠下翻握住练习者手腕,另一手托其肩使其倒立。

(3)单腿骑撑后倒挂膝上

①动作要领

右腿骑撑开始,两臂伸直撑杠,向后摆左腿,推双手,身体重心后移,右腿屈膝挂杠,上体后倒。身体重心远离杠面,当身体转到杠垂面对,左腿加速向前上摆。当转到斜上 45°时压穿右腿,翻腕立腰,握紧双手制动,双腿前后大分腿成骑撑。

②练习方法

A. 保护者站其身侧抱后腿,在练习者后移重心时拉腿到离杠极远处。

B. 挂膝摆动。

C. 在保护帮助下练习。

③保护与帮助

保护者在杠前站立,一手从杠下扶练习者的肩,另一手扶其后腿部,当练习者的腿后摆到极点后,保护者一手扶练习者的肩,另一手扶住其膝关节,帮其固定转轴,托肩手帮其翻转。

(4)悬垂摆动屈伸上

①动作要领

悬垂前摆开始,收腹成直角沉肩,过杠下垂面后收腹屈体,双腿靠杠面到前摆极限,回摆同时直臂压杠穿腿,跟肩成支撑,腿继续后摆。

②练习方法

A. 低杠正握,屈体充分拉肩,后跳收腹,脚踏垫子放浪。

B. 用跑放浪上跳做屈伸上。

③保护与帮助

保护者站在杠前侧面,一手杠下扶练习者的肩,帮助加大放浪,另一手在其臀过杠下垂面扶腿帮其收腿屈体。在回摆时一手托其背,另一手托其腿,帮其后上成支撑。

(5)支撑后倒屈伸上

①动作要领

由支撑开始,两臂伸直撑杠,上体后倒,当身体失去支撑时,收腹,屈髋,两腿沿杠面落到脚靠近杠前成屈体悬垂前摆,身体前摆时肩和臀充分远送,后摆到支撑,技术与悬垂摆动屈伸上相同。

②练习方法

A. 支撑后倒放浪。

B. 推杠跳起做短振屈伸上。

③保护与帮助

与悬垂摆动屈伸上相同。

3. 双杠

(1)支撑摆动

①动作要领

前摆从后摆最高点开始,以肩为轴,身体保持直体自然下摆,脚尖向后远伸,肩稍前移。当身体到支点时顶肩向前上方兜腿、顶肩、梗头,按惯性紧腰,身体自然展开,肩角充分拉开。后摆从前摆最高点开始,身体保持伸直,身体自然下摆。固定肩,双臂用力支撑。在身体下摆接近垂直部位前,髋关节稍屈,摆过垂直部位后,加快腿的"鞭打",含胸顶肩,以肩为轴自然后摆,顶臂使肩角充分拉开。

②练习方法

A.学习正确的支撑,并在双杠支撑移动。

B.小幅度支撑摆动。

③保护与帮助

保护者站在练习者侧面,一只手扶其肩部,另一只手托腹(后摆)或托臀(前摆)。

(2)分腿坐前滚翻成分腿坐

①动作要领

分腿骑坐,两手靠近大腿内侧握杠,上体前倒,顺势提臀、屈体,同时双肘内收顶住两肋使臀前上移至双手支点后,迅速开臂成双肩和手共同组成支撑面。并腿前滚,双手迅速向前换握杠,臀部接近杠面时,两腿分开并下压,两臂压杠跟肩成分腿坐。

②练习方法

A.低山羊放在杠端,在杠面上放一块垫子,在杠端做前滚翻落到垫上。

B.在帮助下完成动作。

③保护与帮助

保护者站在练习者侧面,一手托其腿,另一手杠下托肩,帮助提臀、屈体、前滚,换手时托其背,防止掉下。

(3)分腿坐慢起肩倒立

①动作要领

分腿骑坐,双手在大腿内侧靠近大腿处握杠,夹肘置于两肋部,低头,前移重心,提臀,当重心移过支点后,双臂开肘以双肩、双手组成支撑面,双腿从两侧拢并腿,抬头立腰倒立。

②练习方法

A.头手倒立。

B.做双杠肩倒立。

C.在保护帮助下完成。

③保护与帮助

保护者站在练习者侧面,一手扶其背部,另一只手扶腹部或扶肺部。

(二)体操进阶技术教学

1.技巧

(1)滚动与滚翻

①手倒立落下经胸滚动成俯撑

由手倒立开始,肩稍前倾,两臂有控制地弯曲并尽量使身体后屈下落。抬头使胸部先着地,接着腹、大腿、小腿依次触垫滚动,两臂顺势撑直成俯撑姿势。

②前滚翻

蹲撑,提臂,两脚稍蹬地,同时屈臂,低头,含胸,用头的后部、颈、肩、背、腰依次触垫前滚。当滚到背腰时两手迅速抱腿,上体紧跟大腿成蹲立。

③"鱼跃"前滚翻

半蹲姿势开始,重心前移,两臂前摆,同时两脚蹬地,使身体向前上方跃起。腾空后,保持含胸稍屈髋的弧形姿势,接着两手撑地,两臂有控制地弯曲,低头含胸前滚起立。

④鱼跃前滚翻直腿起

助跑,单起双落向前上方跳起,髋角应保持在135°左右。两手撑地,有控制地屈臂低头含胸前滚。当滚至腰臀部位时,上体猛向前压,同时两手在大腿外侧用力向后撑地成屈体站立。

⑤挺身鱼跃前滚翻

助跳要有速度,起跳要有力。躺起后要积极后摆腿,同时挺胸抬头,身体充分展开。手撑地时,两臂有控制地弯曲,接着低头含胸,团身前滚起立。

⑥经手倒立前滚翻

由手倒立开始前倒,当感觉失掉平衡后,迅速屈臂低头含胸前滚翻。滚至背部时,立即团身抱腿起立。

⑦后滚翻

蹲立,重心后移,团紧身体并保持一定速度后滚。当滚到肩、颈部,身体重心超过垂直部位时,两手在肩上用力推垫,使身体翻转,两脚落地成蹲撑。

⑧屈体后滚翻

直立,上体前屈,重心后移,两手后伸在腿外侧撑地。接着臀部后坐,上体后倒,举腿翻臀,屈体后滚,两手置于肩上。当滚到肩部时,两手在肩上用力撑垫使身体翻转,经屈体立撑起立。

⑨后滚翻经手倒立成屈体立撑

并腿坐上体后倒,举腿后滚,两手在肩上撑垫,眼看脚尖。当滚至脚尖接近与头成垂直时,迅速向上伸腿展髋,同时用力推手,顶肩,紧身,抬头经手倒立。接着屈体下落,两臂控制使肩稍前收腹落下成屈体立撑。

(2)手翻

①侧手翻

预备姿势是侧向站立,臂侧举,左腿侧举,头左转。上体左侧倒,左脚落地(脚尖向左),右腿侧摆。左手撑地,左腿随之蹬地摆起。右手撑地,经分腿倒立(这时应顶肩,立腰,展髋,分腿)继续翻转。推开左手,右脚落地(脚尖向右),身体侧起成开立。

②头手翻

直立、上体快速前屈(稍屈膝),两手向前撑地,接着两脚离地,两臂弯曲,用头的前额上方在两手之间稍偏前的位置顶地。经短暂的屈体头手倒立过程,当身体重心超过支撑垂面上方后,两腿猛力向前上方蹬伸,充分展髋。同时,两手用力推地,挺胸抬头,使身体向前上方腾起。落地时脚前掌先落地,然后全脚掌落地,两臂上举。

③前手翻

趋步,右脚向前踏地,上体前压,左腿后摆两臂向前撑地,接着右腿蹬地后摆。接近倒立时,快速顶肩推手,使身体向前上方腾起。腾空时要挺身、抬头、紧腰,两腿并拢,前脚掌先着地,两臂上举。

④后手翻

两臂前举站立开始,稍屈膝屈髋后坐,两臂自然后摆。重心后移,当身体向后失去平衡时,两臂迅速经前向上后甩,稍蹬地,抬头,"挑"腰,身体充分后屈。经低腾空,向后翻转接着两手撑地,利用反弓手倒立的反弹力顶肩推手,收腹提腰,脚落地成直立。

2.单杠

(1)支撑后摆下

①动作要领

由支撑开始,两腿先向前预摆。肩部稍前倾,接着双腿向后上方摆腿,两臂伸直支撑。当后摆到极点要下落时,稍含胸制动,双腿顶肩推手,挺身落下。

②练习方法

A.低杠支撑后摆下,手不离杠。

B.支撑后摆。

C.在保护下完成。

③保护与帮助

保护者站在杠后侧方,一手托练习者的腹部,另一只手托其腿部帮助后摆,然后扶身体落地。

(2)骑撑前回环

①动作要领

由右腿骑撑双手反握开始,两臂伸直撑杠,身体重心前移前提臀,右腿上举向前迈出。以左腿大腿前部压杠为轴,上体前倒靠近右大腿,当转270°时,右腿压杠,展髋,左腿继续后摆,两臂伸直压杠,翻腕立腰分腿成骑撑。

②练习方法

A.帮助者站在练习者前抱其右腿做迈步提臀前倒上体。

B.在杠前设立标志物练习前回环。

③保护与帮助

保护者站在杠后,一手杠下扶练习者的手腕,另一只手扶其大腿后部使其固定转轴,在转过270°后托后背帮其成骑撑。

(3)支撑后回环

①动作要领

支撑开始,双腿向前预摆,肩部稍前倾,接着双腿后摆,双臂伸直撑杠,然后身体下落腹部贴杠面后,上体迅速后倒,双腿前摆,以腹部为轴,稍屈髋,两臂压杠回环,当转过杠的垂面后,制动双腿,抬上体挺胸,展髋,翻腕立腰成支撑。

②练习方法

A.支撑后摆贴腹。

B.保护帮助下支撑后倒腹回环。

C.在保护帮助下完成。

③保护与帮助

保护者站在杠前,一手杠上扶练习者的肩,另一只手杠下扶其大腿,帮助其后摆前移肩,当回摆贴腹后进行转动,扶其臀固定转轴。

(4)腹撑前腿摆越成骑撑

①动作要领

腹支撑开始,重心左移,左手直臂支撑,同时向上摆右腿,推右手离杠,右腿摆到最高点向杠前放右腿成骑撑,回原重心右手再握。

②练习方法

A. 原地模仿练习。

B. 在保护帮助下完成动作。

③保护与帮助

保护者站于杠后,一手托练习者的肩帮其移动重心,另一只手扶腿帮其侧上摆并前放。

3. 双杠

(1)分腿骑坐前进

①动作要领

由支撑前摆开始,当前摆两腿过杠面时,立即向前上两侧分腿,分腿落于两杠面成骑坐,推手重心前上移,用两大腿内侧压杠挺身上立。过支点后上体前倒,双手向远处撑杠,同时两腿伸直,用大腿压杠反弹,后摆并腿,支撑自然前摆。

②练习方法

A. 练习支撑摆动前摆分腿坐。

B. 在帮助下双手压杠反弹并腿支撑摆动。

③保护与帮助

保护者站于杠侧,一手扶练习者的肩部(杠上),一手杠下托其腹部。

(2)支撑前摆向左直角下

①动作要领

支撑前摆开始,当身体过杠面推右手向左推并移重心向左,当腿摆到极点制动,双手握左侧单杠,左手侧平举,右手单臂支撑,挺身跳下。

②练习方法

A. 右腿体前蹬单杠,推右手向外移身体跳下。

B. 双手握左杠,双腿蹬两杠跳下。

C. 在保护与帮助下完成。

③保护与帮助

保护者立于练习者左侧,当练习者摆腿过杠面后,一手拉其左肩外移,另一只手托其臀部。

(3)挂臂前摆上

①动作要领

由摆臂开始,前摆到杠垂面稍沉肩加速兜腿,身体摆到杠面突然制动,压臂跟肩支撑,身体继续上摆,肩充分顶开。

②练习方法

A. 体会前摆制动。

B. 分腿仰卧于双杠,练习压臂跟肩。

C. 在保护与帮助下完成后摆动作。

③保护与帮助

保护者站在练习者侧面,一只手握其上臂,另一只手在杠下托送髋部。

第三节 游泳运动实践指导

一、游泳运动的基本概况

游泳运动是作为一种生存技能产生和发展起来的。游泳是人在水里凭借肢体的动作同水相互作用而进行的活动技能。现代游泳运动可分为竞技游泳、实用游泳和大众游泳。竞技游泳是指具有特定的技术规格,按游泳竞赛规则进行比赛的游泳运动项目。正式的游泳竞赛项目有自由泳、仰泳、蛙泳、蝶泳、个人混合泳和接力六类。实用游泳是指直接为生活、生产或军事服务的游泳技术。大众游泳是指以游泳作为基本手段,以增进身体健康、丰富业余生活为直接目的的各种游泳活动。

游泳运动是一项良好的健身运动项目,长期坚持游泳,能增强心肌功能,加快血液循环,给身体各部分提供足够的氧气和营养。游泳还能提高人体对疾病的抵抗力,完善人体免疫系统。此外,游泳运动还能帮助健身者塑造良好的形体。

二、游泳运动技术教学指导

(一)蛙泳技术教学

1.身体姿势

蛙泳的身体姿势不是固定不变的,而是随着臂、腿及呼吸动作的周期性变化而不断变化的。在一个动作周期中,两臂前伸、两腿向后蹬直并拢时,身体几乎水平地俯卧于水中,头部夹在两臂之间,双眼注视前下方,腹部与大、小腿位于同一水平面上,臀部接近水面,身体纵轴与水平面约成 5°～10°角。这种身体姿势可以减小游进时的水阻力。要做到这一点,要求胸部自然伸展,稍收腹,微塌腰,两腿并拢,脚尖伸直,两臂并拢尽量前伸,全身拉伸成一直线。

在游进过程中,身体会按一定的节奏上下起伏。在划水和抬头吸气时,上体会向前上方抬起,肩和背部的一部分上升露出水面,此时躯干与水面的角度较大。当两臂前伸、两腿向后蹬夹时,随着低头的动作,肩部又浸入水中,身体恢复比较平直的流线型姿势向前滑行。

对于初学蛙泳者,不宜过分追求在划水和吸气时拉高身体的动作。因为抬头过高或过分挺胸,会造成下肢下沉,迎角增大,使身体在前进方向上的投影截面增大,从而增大游进时的阻力。

2.腿部技术

蛙泳的腿部动作是保持身体平衡、推动身体前进的一个重要因素。尽管现代蛙泳技术强调以臂为主,但腿部动作的作用不容忽视。对于初学者来说,掌握好腿部技术很重要。蛙泳腿部技术可以分为收腿、翻脚、蹬夹、滑行四个紧密相连的动作环节。

（1）收腿

收腿是翻脚、蹬夹的准备动作,是从身体伸直成流线型向前滑行的姿势开始的。收腿时,腿部肌肉略微放松,大腿自然下沉,两膝开始弯曲并逐渐分开,小腿和脚跟在大腿后面向前运动。收腿时,踝关节放松,脚底基本朝上,脚跟向上、向前移动;向臀部靠拢,两腿边收边分开。两小腿和两脚在前收的过程中要落在大腿的投影截面内,以避开迎面水流,减小收腿的阻力。收腿动作应柔和,不宜太用力。在收腿的过程中臀部略下降。收腿结束时,两膝内侧的距离约同肩宽;大腿与躯干成 130°～140°角,大、小腿折叠紧,小腿与水面垂直,为翻脚和蹬夹做好准备。

（2）翻脚

翻脚动作的目的在于使腿在蹬夹时有一个良好的对水面,是收腿的结束动作和蹬腿的开始动作。在蛙泳技术中,翻脚动作很重要,翻脚直接影响到蹬夹的效果。

当收腿使脚跟接近臀部时,大腿内旋,两膝稍内扣,小腿向外张开,两脚背屈使脚掌勾紧向外翻开,脚尖转向两侧,使小腿和脚的内侧面向后,形成良好的对水面,为蹬夹动作做好准备。翻脚实际上是收腿的结束动作和蹬夹的开始动作。在收腿接近完成时就开始翻脚,翻脚快完成时就开始蹬夹,在蹬夹的开始阶段继续完成翻脚。收、翻、蹬夹三个动作紧紧相连,一环扣一环,形成一个连贯圆滑的鞭状动作。

（3）蹬夹

蹬夹动作是推动身体前进的重要动力来源。蹬夹动作的推进效果主要取决于蹬夹时腿的运动方向、对水面的大小及运动速度。

蹬夹动作在翻脚即将完成时就已开始。由于翻脚动作的惯性,脚在后蹬的开始阶段是继续向外运动,完成充分的翻脚。随后,由腰腹和大腿同时发力,依次伸展下肢各关节,两脚转为向后向内运动并稍下压,直至两腿蹬直并拢,完成弧形的鞭状蹬夹。蹬夹动作是"蹬"与"夹"的结合,两腿是边后蹬边内夹,当两腿蹬直时两膝也已并拢了。既不是完全向后蹬,也不是向外蹬直了再内夹并腿。

蹬夹时,下肢各关节的伸展顺序是保持最大对水面积的决定因素。正确的顺序是:先伸髋关节,后伸膝关节,最后伸踝关节,直至两腿伸直并拢。蹬夹开始时,主要是大腿向后运动,膝关节不宜过早伸展,以使小腿尽量保持垂直对水的有利姿势,避免出现小腿向下打水的错误。在蹬夹过程中,脚应保持勾脚外翻姿势;在蹬夹将近结束时,脚掌才内旋伸直,完成最后的鞭水动作。如果先伸踝关节,则会破坏翻脚所形成的良好对水面,形成用脚尖蹬水的错误。

在蹬夹过程中,脚相对于静止的水的运动轨迹是一条复杂的三维曲线,既有向后的运动,又有向外、向内、向下的运动,水对腿部动作的反作用力,由蹬腿升力和蹬腿阻力构成。在蹬夹过程中,蹬腿升力起着重要的推进作用。但由于小腿和脚的内侧面是向后对水,且相对于自身来说腿部向后运动的幅度较大,故蹬腿阻力对推进力的贡献更大些。这就要求大腿内收肌群在蹬夹过程中积极工作,限制腿脚过分的外张,以保证蹬夹方向主要向后。

升力和阻力都与速度的平方成正比,蹬夹动作的速度越快,产生的推进力就越大。因此,蹬夹时要充分发挥腿部肌肉的力量,逐渐加速。蹬夹开始时,动作应比较柔和,而最后伸直小腿和脚掌的动作则要快速有力。

(4)滑行

蹬夹结束后,腿处于较低的位置,脚距离水面约为30~40厘米。此时两腿伸直并拢,腰、腹、臀及腿部的肌肉保持适度紧张,使身体成流线型向前滑行,准备开始下一个腿部动作周期。滑行中,要注意保持两腿较高的位置,减少滑行时的阻力。

3.臂部技术

蛙泳的手臂动作是推动身体前进的重要因素。游蛙泳时,整个手臂动作都是在水下完成的。对于游泳者自身来说,手的划水路线近似两个相对的"桃心",即两手从"桃心"的尖顶开始,不停顿地划动一周回到尖顶。为便于分析,把蛙泳的一个划水动作分为外划、下划、内划、前伸四个紧密相连的动作阶段。

(1)外划

外划是从两臂前伸并拢、掌心向下的滑行姿势开始的。外划时两臂内旋,两手掌心转向外斜下方,略屈腕,两臂向外横向划动至两手间距离约为两倍肩宽处。外划的动作速度较慢。

(2)下划

手臂在继续外划的同时,前臂稍外旋,肘关节开始弯曲,转腕使掌心转为朝后下方,以肘关节为轴,手和前臂加速向下、向后划动。在下划的过程中,手和前臂的运动速度快、幅度大,而上臂的移动不多,前臂与上臂之间的夹角迅速缩小。下划结束时,肘关节明显高于手和前臂,手和前臂接近垂直于游进方向,肘关节约屈成130°。

(3)内划

内划是手臂划水产生推进力的主要阶段。随着下划的结束,掌心迅速转向内后方,手臂加速由外向内并稍向后横向划动,屈肘程度进一步加大,肘关节也同时向下、向后、向内收夹至胸部侧下方,两手划至胸前时几乎靠在一起。

(4)前伸

当内划接近完成时,两手在继续向内、向上划动的过程中逐渐转为向上、向前弧形运动至颌下。此时两手靠拢,两掌心逐渐转向下,手指朝前。接着,肘关节不停顿地沿平滑的弧线前移,推动两手贴近水面向前伸出。与此同时迅速低头,将头夹于两臂之间。伸臂动作完成时,两臂伸直并拢,充分伸肩,两手掌心向下,成良好的流线型向前滑行。

游蛙泳时,手相对于静止的水的运动轨迹实际上是一条复杂的三维曲线。手在划水时并没有大幅度的向后的运动,主要表现为明显的横向和上下方向的运动,就好像是手握着一个固定的把手将身体拉引向前。

划水阻力朝内,两臂上的划水阻力互相抵消。但由于屈腕动作,手掌平面与划动方向约成 40°的迎角,所产生的划水升力起着推动身体前进的作用。手臂向下、向后的划动不仅为强有力的内划做好了准备,还可以产生升力、阻力并重的推进力推动身体前进。内划阶段手臂的对水面大,手掌平面与手的划动方向成30°～40°的迎角,水的反作用力以划水升力为主。此时胸背部和肩带的肌群亦处于收缩发力的最有利部位,两臂的向内划动可以有很大的加速度。所以内划阶段是蛙泳手臂划水产生推进力推动身体前进的主要阶段。

蛙泳臂划水动作的各个阶段是紧密地连接在一起的,整个动作要连贯圆滑,由慢到快,加速进行。初学者尤其应注意在内划结束转前伸时,手臂不能停顿。

4.完整配合技术

蛙泳是臂、腿交替做动作推动身体前进的,其配合技术比较复杂,是学习蛙泳的一个难点。配合不协调,会直接影响臂、腿的动作效果和游进速度的均匀性。正常蛙泳一般是采用1∶1∶1的配合技术,即在一个完整动作周期中,蹬夹一次,划臂一次,呼吸一次。配合游时应在充分发挥臂、腿力量的基础上,努力做到协调、连贯、有节奏,尽量保持匀速前进。

（1）臂与腿的配合

蛙泳臂和腿的配合是一种交替进行且稍有重叠的技术。两臂外划和下划时，两腿保持稍紧张的伸直姿势；两臂内划时，两腿放松，两膝下沉，开始收腿；两臂开始前伸时，迅速完成收腿并做好翻脚动作；两臂接近伸直时，开始向后快速蹬夹；蹬夹结束后，全身伸直成良好的流线型向前滑行。

对于初学者来说，注重蹬夹后的滑行具有十分重要的作用。只有在带滑行的从容游进中，才能掌握配合技术的要领，形成正确的动作节奏。初学者可以经常做长滑行计动作次数的游进练习来检验自己臂、腿动作的效果。

（2）呼吸与臂的配合

蛙泳的呼吸是和手臂的划水动作紧紧结合在一起的，主要有早吸气和晚吸气两种类型。

①早吸气配合技术

两臂开始外划时，颈后肌收缩，开始向上抬头，下颌前伸，使口露出水面将气吐尽；在两臂下划和内划的过程中吸气；两臂前伸时低头闭气；滑行时在水中呼气。这种呼吸方式利用了划水开始阶段手臂向外、向下划动所产生的向上的反作用力，使头部比较容易抬出水面，整个呼和吸气的时间较长，动作比较从容。早吸气配合技术比较适合初学者。

②晚吸气配合技术

晚吸气配合技术没有明显的抬头和前伸下颌的动作。在两臂外划和下划时，身体仍保持较平直的流线型姿势；在两臂内划的过程中，随着头、肩的上升，口露出水面将气吐尽；内划结束，头、肩向前上方升至最高位置时快速吸气；两臂前伸时迅速低头闭气；滑行时向水中呼气。这种呼吸方式有利于减小水的阻力，同时有利于更好地发挥手臂划水的力量，动作紧凑连贯，前进速度均匀。运动水平较高者一般都采用晚吸气配合技术。但晚吸气配合技术的吸气时间较短,初学者不容易掌握。

(二)爬泳技术教学

爬泳又叫自由泳,即自由的、不受姿势限制的游泳,是四种竞技游泳中速度最快的一种泳姿。按规则要求,自由泳比赛中,可采用任何一种姿势游进。爬泳时,身体俯卧在水中,身体几乎与水面平行,有较好的流线型;两腿不停地做上下打水动作,两臂依次轮流向后划水,推进力均匀,动作结构简单,效果好;动作配合协调,既省力又能发挥最大的速度。因此,爬泳是学生在自由泳比赛中经常采用的运动形式。

1. 身体姿势

爬泳运动中,学生的身体应平直地俯卧在水中,身体的纵轴与水平面保持 $3°\sim5°$ 角。头微微抬起,这种平直的姿势能缩小前进时的截面,有助于减少阻力,颈部自然后屈与水平面成 $20°\sim30°$ 角,双眼注视前下方。两臂轮换前伸向后划水,两腿上下交替打水。在游进中身体可以有节奏地转动,这种转动一般为 $35°\sim45°$ 角。

技术要点:游进过程中身体保持平直,既不要收腹提臀,也不要挺胸塌腰。

2. 腿部动作

爬泳时,腿的动作主要起维持身体平衡的作用,使下肢抬高,保持身体流线型,以及协调两臂有力的划水动作,并能起一定的推进作用。向下打腿时,腿自然伸直,由髋关节发力,大腿带动小腿。打水时,一般两腿间差距为 $30\sim45$ 厘米。向下打水时,动作要快而有力,向上提腿时应放松一些。在向下打水时,由于惯性的作用,小腿和脚仍继续向上移动,而使膝关节有些弯曲,弯曲程度一般为 $140°\sim160°$ 角。打水时脚尖自然伸直,向下打水时两腿应自然向里转一些。

技术要点：学生在爬泳的打腿过程中，应以髋为轴，在向上直腿和向下屈腿时，大腿一直都处于领先，连续不断地做鞭状打水动作，即向上动作快要结束时就开始向下打水，向下打水快要结束时又开始向上打水，大腿领先，与膝关节和踝关节不停顿地形成时间差。向下打水要用较大的力量和较快的速度来完成，以便产生较大的推进力和浮力。

3. 臂部动作

爬泳的手臂动作可分为入水、抱水、划水、出水和空中移臂五个不可分割的部分，它们共同组成了一个完整的动作，彼此之间并没有明显的界限。

（1）入水动作

学生在完成空中移臂后，手应向前，自然放松地入水，臂入水时，肘关节略屈并高于手，手指自然伸直并拢，约与水面成 45°角，拇指领先斜插入水，动作要自然放松，按照手—前臂—上臂的顺序入水。

技术要点：注意臂的入水点应在肩的延长线上或在身体中线和肩的延长线之间。

（2）抱水动作

学生的臂入水后，手掌从向斜外下方转向斜内后方，屈腕、屈肘，并保持高抬肘姿势。抱水时，上臂和水平面约为 30°角，前臂与水平面约为 60°角，手掌接近垂直对水，肘关节屈成约 150°角，整个手臂像抱着一个球。

技术要点：抱水过程中，手肘高抬，手掌与对面垂直。

（3）划水动作

划水是指手臂与水平面成 45°角起，向后划至与水面成 15°～20°角止的这一过程。划水是获得推动力的主要阶段,这个阶段又分为两部分,从整个臂部划至肩下方与水平面垂直之前称"拉水",过垂直面后称为"推水"。拉水时前臂的速度快于上臂,继续屈肘,当臂划至肩下方时,手在体下靠近身体中线,屈肘为90°～120°角。整个拉水过程应保持高肘姿势,使手和前臂能更好地向后划水。在推水过程中,为了使手掌始终与水平面垂直,推水时要逐渐放松腕关节,使手伸展开与前臂构成一个200°～220°的角。向后推水是通过屈臂到伸臂来完成的,为了使前臂、手掌能以最大面积对水,在推水中肘关节要向上,向体侧靠近。

技术要点:整个划水动作过程中,即从拉水到推水的过程中应保持动作连贯、快速,中间没有停顿。整个划水动作,手的轨迹是向下—向后—向上,划水路线呈"S"形。

（4）出水动作

划水结束后,借助推水后的速度惯性,利用肩三角肌、肩带肌的收缩及身体沿纵轴的转动,将肘部向上方提起,并迅速将臂部提出水面。

技术要点:出水时,放松臂部和手腕。

（5）空中移臂动作

臂出水后,在肩的转动下,带动整个手臂向前移动,移臂时仍保持高肘屈臂的姿势。整个移臂的前半部分肘关节领先,前臂和手的动作较慢,移臂完成一半时,手和前臂赶上肘部,并逐渐向前伸出,掌心也从后上方转向前下方,做好入水准备动作。

技术要点:移臂是出水的继续,两个动作应保持连贯,不能停顿,移臂时动作应放松自如,尽量不破坏身体的流线型;移动的手臂应和另一臂的划水动作协调一致。

4.完整配合技术

（1）两臂配合

爬泳两臂协调配合是前进速度均匀性的重要条件。两臂配合,通常有前交叉、中交叉和后交叉三种方法。前交叉是指一臂入水时,另一臂处在滑下阶段。中交叉是指一臂入水时,另一臂已经进入划水阶段的中间部分。后交叉是指一臂入水时,另一臂已经进入划水阶段的后半部分。中交叉和后交叉有利于发挥两臂力量和提高动作频率,加快速度,保持连续的推进力。

技术要点:上述三种配合形式都有其各自的特点,初学者应采用前交叉,以便其掌握正确的爬泳动作和呼吸方法。

（2）呼吸与臂部动作的配合

爬泳运动中,学生的呼吸是利用头向左侧或右侧的转动,用嘴进行呼吸。以向右呼吸为例:右手入水以后,嘴和鼻开始慢慢地呼气;右臂划至肩下向右侧转头,呼气量开始增加;当右臂划水即将结束,呼气量进一步加大;右臂出水时,马上张嘴吸气;移臂到一半时,吸气结束,闭气,继续转头和移臂,脸部转向前下方。头部姿势稳定时,右臂又入水开始下一次呼吸。如此反复循环进行呼吸。

技术要点:如果学生对呼吸与臂的配合技术尚未熟练,可以多划几次臂吸一次气;具有一定水平的学生则可以视游距长短和训练水平而定,长距离多为两划一吸或三划一吸,短距离可多划几次臂吸一次气。

5.呼吸和完整动作的配合

完整的配合技术是游泳学生匀速地、不间断地向前游进的保证。爬泳腿、臂、呼吸的配合动作,一般采用两臂各划水一次、呼吸一次和打腿六次的配合方法。为了充分发挥手臂作用,提高游进速度,也有采用两臂各划水一次、呼吸一次和打腿四次的配合方法。

技术要点:在配合中,呼吸和腿的动作都应该满足手臂动作的需要。初学者应首先抓好臂腿配合,再加呼吸配合,不宜过早强调呼吸。

(三)仰泳技术教学

仰泳又被称为"背泳",是人体仰卧在水中进行游泳的一种姿势,同爬泳一样属于交替性动作。人们在蛙泳或踩水的过程中,发现只要将身体仰卧过来,臂腿稍微做动作就可以游动,脸部还能露出水面,最后发展为两腿上下交替踢水,两臂在体侧轮流向后划水的爬式仰泳技术。仰泳的最大优点就是游泳者的脸一直露在水面上,不存在呼吸和换气的问题,并且动作非常容易掌握,因此多数人都很喜欢这种游泳的姿势。但在游泳方向的掌握上需要花费较多的时间和精力去学习。

1. 身体姿势

学生在仰泳过程中身体要自然伸展,接近水平地仰卧于水面,头和肩部略高于臀,水齐耳际,脸部露在水面上,身体尽可能处于高的位置,腹部和两腿大约在水面下 5~10 厘米,游进时身体应随划水和打腿动作绕纵轴自然且有节奏地转动,转动的角度在 45°左右。

技术要点:首先,头部应尽量保持不动。在仰泳进行时,头起到了"舵"的作用,并且它还可以控制身体左右转动。头应保持相对稳定,不要上下、左右晃动,但颈部肌肉不要过分紧张,后脑处在水中,水位在耳际附近,双眼看腿部的上方。其次,腰部肌肉要保持适度的紧张,以不使身体过分平直和屈髋成坐卧姿势为前提。肋上提,不要含胸。快速游进时,身体的迎角能使体位升高,一些水平较高的学生不仅可以使肩和胸部露出水面,还可以使腹部也经常露出水面。最后,身体的纵轴应随着两臂划水动作而自然滚动,滚动的角度根据个人的情况不同而稍有差别,肩关节灵活性较差的人滚动小,肩关节灵活性较好的人滚动大。

2.腿部技术

良好的腿部动作是使学生在仰泳过程中保持身体处于较好角度、水平姿势的重要因素之一,正确的踢水动作不但可以控制身体的摆动,还能产生一定的推进力。仰泳运动中腿部动作可以分为以下两个部分。

（1）下压阶段

仰泳的腿部动作中的下压动作即直腿下压。腿向下压的动作是借助臀部肌群的收缩来完成的。在整个腿下压动作中,前 2/3 由于水的阻力,使膝关节充分展开,腿部肌肉放松。当大腿下压到一定程度时,由于腹肌和腰肌的控制,停止向下并过渡到向上移动,由于惯性的作用,小腿仍然继续向下,造成膝关节弯曲,所以在腿下压的后 1/3 是屈腿的。随着惯性的逐渐减弱和大腿的带动,小腿也开始向上移动,但此时脚仍然继续向下,直到惯性消失,大腿、小腿和脚一次结束向下的动作,构成向下"鞭打"的动作。

（2）上踢阶段

仰泳的腿部动作中的上踢动作即屈腿上踢,腿的上踢动作需要用较大的力量和速度来进行,并且逐渐加大到最大力量和速度。当大腿向上移动超过水平面时就结束向上的动作,此时膝关节接近水面。随后小腿和脚也依次结束向上,使膝关节充分伸展,构成向上"鞭打"的动作。

技术要点:首先,由于下压的动作不产生推进力,因此相对的要求速度不要太快,腿部各关节自然放松。当下压动作结束时,由于水对小腿的阻力和大腿肌肉的牵制,大腿与小腿成 135°～140° 角,小腿与水平面成 40°～45° 角,此时大小腿弯曲到最大程度,小腿和脚对水的面积较大。其次,上踢动作是以大腿带动小腿、小腿带动脚来完成的,并且在任何情况下,尽量不要使膝关节或脚尖露出水面。上踢时,脚尖应内旋以加大对水面积。

3.臂部技术

和爬泳的摆臂一样,仰泳臂的划水动作也是由入水、抱水、划水、出水和空中移臂五部分组成,两臂的屈臂划水也是相互交替地进行。不同的是,仰泳划臂在人的体侧进行,如同划船时交替划水的桨。

(1)入水动作

入水时,手臂伸直,掌心朝外,小拇指领先入水,手稍内收,与小臂成 150°~160°角。入水点一般在肩的延长线与身体纵轴之间。

技术要点:臂入水的同时应展胸伸肩。

(2)抱水动作

抱水动作是为接下来的推水动作创造有利条件的。手臂入水后,要利用移臂时所产生的动量积极下滑到一定的深度,手掌向下,向侧移动,通过伸肩、屈肘、上臂内旋和屈腕的动作,配合身体的滚动,使手掌和前臂对准水并有压力的感觉。

技术要点:完成抱水动作的即刻,肘部微屈成 150°~160°角,手掌距水面 30~40 厘米,肩保持较高的位置,以便为接下来的推水动作做好准备。

4.划水动作

划水动作是推动身体前进的主要动力。划水动作包含拉水和推水两个阶段。

拉水阶段:在臂前伸抱水的基础上进行的。开始时前臂内旋,手掌上移,肘部下降,使屈肘程度加大,手掌和水必须保持与前进方向垂直。当手掌划至肩侧时,屈臂程度最大,为 70°~110°角,手掌接近水面。

推水阶段:在手臂划过肩侧时开始的,这时肘关节和大臂应逐渐向身体靠近,同时用力向脚的方向推水。当推水即将结束时,小臂内旋做加速转腕下压的动作,掌心由向后转向向下。推水结束时,手臂要伸直,手掌在大腿侧下方,借助手掌压水的反弹力迅速提臂出水。

技术要点:整个划水动作是由屈臂抱水开始,以肩为中心,划至大腿外侧下方为止。

5.出水动作

仰泳出水动作的手形有很多种,常见的主要有三种:手背先出水、大拇指先出水和小拇指先出水。这三种手形各有利弊,相对来说最后一种较好。

技术要点:无论采用哪种手形出水,都要注意使手臂自然、放松和迅速,并且要先压水后提肩,肩部露出水面后,由肩带动大臂、小臂和手依次出水。

6.空中移臂动作

提臂出水后,手应迅速从大腿外侧垂直于水面移至肩前。当手臂移至肩上方时,手掌内旋,使掌心向外翻转。

技术要点:空中移臂时,臂伸直放松。移臂的后阶段要注意肩关节充分伸展,为入水和划水做好准备。

7.完整配合技术

(1)两臂配合

仰泳两臂的配合是"连接式"的,即当一臂划水结束时,另一臂已入水并开始划水;一臂处于划水的一半,另一臂正处于移臂的一半。

技术要点:在整个臂的动作过程中,两臂应几乎处在完全相反的位置。

（2）臂和呼吸的配合

仰泳的呼吸比较简单，一般是两次划水一次呼吸，即一臂移臂时开始吸气，然后做短暂的憋气，当另一臂移臂时进行呼气。在高速游进时也可以一次划水一次呼吸，但是呼吸不能过于频繁，否则会使得呼吸不充分，造成动作紊乱。

技术要点：呼吸要有节奏，使肺部呼吸正常，不易产生疲劳。

（3）臂、腿配合

臂、腿配合是否合理，影响到整个动作是否平衡和协调自然。现代仰泳技术中一般都采用六次打腿两次划水的配合技术，也有少数人采用四次打腿的技术。

技术要点：臂划水的同时，避免腿的上踢、下压动作而导致的身体过分转动，以保持身体的平衡性和协调性。

（四）蝶泳技术教学

由于蝶泳运动是从蛙泳运动逐渐演变而来的一种游泳姿势，最初腿部动作模仿蛙泳的蹬夹水，两臂对称由前往后划出水面经空中前摆，动作近似蝴蝶飞行，故称蝶泳。由于它腿部的游泳动作酷似海豚，所以又称为"海豚泳"。蝶泳技术是所有游泳姿势中最复杂的，对游泳者的身体素质要求较高。

1.身体姿势

蝶泳时，头和躯干不断地在水平面上下移动，这种身体的上下起伏是自然形成的。但身体姿势力求稳定，身体有节奏地起伏，为臂和腿部动作提供有利的条件。

2.躯干和腿的动作

蝶泳打腿是由腰部发力，大腿带动小腿做有节奏的上下鞭状打腿动作，整个动作是和躯干联系在一起的。打水时两腿自然并拢，当两腿向下打腿结束后，两脚向下达到最低点，膝关节伸直，臀部上升至水面；然后两腿伸直向上移动，髋关节逐渐展开，臀部下沉;当两脚继续向上时,大腿开始下压,膝关节随大腿下压而自然弯曲,大腿继续加速向下;随着屈膝程度的增加,脚向上抬到最高点,臀部下降到最低点,准备向下打水;脚向下打水时,脚背要保持正对水面,踝关节必须放松伸直;当小腿随着大腿加速下压时,大腿又开始向上移动,等膝关节完全伸直时,向下打水即告结束。

3.手臂动作

蝶泳手臂动作是两臂同时对称进行的,包括入水、抱水、划水、出水和空中移臂五个部分。

(1)入水

两臂经空中移臂后在肩前插入水中,入水时两手距离略与肩同宽,掌心向两侧,手指向下,手、前臂、上臂依次入水。

(2)抱水

手臂入水后,手和前臂向外旋转,手臂同时向外、向后和向下运动,手臂有支撑住水的感觉,像是用手去抱一个大圆球。同时开始屈肘、屈腕,为下个阶段的划水做好准备。

(3)划水

在臂进入划水阶段后,前臂和手掌是划水的主要对水面。屈肘,使肘部保持较高的位置。前臂外旋动作和逐步加大屈臂的动作是同时进行的,当两臂划至肩下方时,前臂与上臂成 $90°\sim100°$ 角。当两手划至腹下时,两手距离最近(几乎碰到一起),然后转入推水动作。

(4)出水

随着臂推水的结束,手臂充分推直,然后借助惯性提肘,迅速将两臂和手提出水面。

两臂提出水面后,即沿身体两侧低平的抛物线向外、向前抡摆。两臂在向外、向前抡摆的过程中自然伸直,并始终保持拇指朝下的姿势。当摆过肩的横切面时,两臂向内、向前移动。此时肘关节微屈并稍高于手,掌心转为朝外斜下方,准备入水。

4. 呼吸与臂、腿的配合技术

（1）臂与呼吸的配合

蝶泳的呼吸借助于两臂划水的后部推水动作，同时需后部肌肉大幅度伸展，使头抬至口露出水面的位置，此时吸气的速度要快，头必须在臂入水前回到原来的位置，慢呼气或者稍憋气后呼气。

蝶泳的呼吸一般是一次划水一次呼吸，但是为了加快游进的速度，也可采用两次以上的划水动作之后，再做一次呼吸的技术。

（2）完整配合技术

蝶泳臂、腿、呼吸的配合比例一般为 1：2：1，即一次手臂动作，两次腿的动作，呼吸一次。在某些情况下，也有做 N 次（N＞1）臂、腿配合再呼吸一次的技术。两次打腿的力量一般是第一次轻，第二次重。

完整的配合技术是两臂入水时做第一次向下打腿，臂抱水时腿向上，当两臂划至腹部下方时，开始做第二次向下打水的动作，并且抬头吸气。推水结束时打腿也结束。移臂时腿又向上准备做下一周期的打腿动作；移臂的前部，头部还处于水面，移臂过身体的横轴时低头。

第四节　健美操运动实践指导

一、健美操运动的基本概况

健美操是有氧运动的一种。健美操是一项融体操、舞蹈、音乐、美学于一体的运动，通过徒手、持轻器械和使用专门器械的练习达到健身、健美和健心的目的，不受年龄、性别、场地的限制，是一项内容丰富、简单易学、变化繁多的新型体育项目。健美操是一项持续一定时间的、中低强度的全身性运动，主要影响练习者的心肺功能。

随着人民生活水平的不断提高,健美操所特有的保健、医疗、健身、健美、娱乐的实用价值受到越来越多的人的重视,吸引了不同年龄的爱好者参与,形成了一定规模的消费群体。各级电视台纷纷制作以健美操为内容的专题节目,收视率较高。

近年来,随着全球健身热的兴起和娱乐、休闲体育的发展,健美操以其自身固有的价值和魅力,深受广大群众的喜爱。

二、健美操运动技术教学指导

(一)健美操基本动作教学

1.健美操的手型

(1)合掌

五指并拢伸直。

(2)西班牙舞手势

五指用力,小指、无名指、中指自掌指关节处依次弯曲,拇指稍内扣。

(3)分掌

五指用力分开,手腕保持一定的紧张程度。

(4)芭蕾手势

五指略微弯曲,后三指并拢,稍内收,拇指内扣。

(5)拳

五指弯曲紧握,大拇指压在食指弯曲部位。

(6)一指式

握拳,食指伸直或拇指伸直。

(7)推掌

手掌用力上翘,五指自然弯曲。

(8)响指

拇指与中指摩擦与食指打响,无名指、小指弯曲至握。

2.头、颈部动作

(1)屈

动作描述:头部向前、后、左、右四个方向分别做颈部关节弯曲的运动。

注意要点:身体正直,做动作时应缓慢,充分伸展颈部肌肉。

动作变化:前屈、后屈、左侧屈、右侧屈。

(2)转

动作描述:头保持正直,然后头颈部沿身体垂直轴向左、右转动90°。

注意要点:下颌平稳地左右转动。

动作变化:左转、右转。

(3)环绕

动作描述:头保持正直,然后头颈部沿身体垂直轴向左或右转动360°。

注意要点:转动时头部要匀速缓慢,不要过快。动作要到位,向后转时头要后仰。

动作变化:左或右环绕,两动作一致,方向相反。

3.肩部动作

(1)提肩

动作描述:脚开立,身体保持正直,然后肩部沿身体垂直轴向上提起。

注意要点:尽可能向上提起,提肩时,身体不能摆动。

动作变化:单提肩、双提肩。

(2)沉肩

动作描述:脚开立,身体保持正直,然后肩部沿身体垂直轴向下沉落。

注意要点:尽可能向下沉落,沉肩时,身体不能摆动,头尽量往上伸展。

动作变化:双肩下沉。

(3)绕肩

动作描述:脚开立,身体保持正直,然后肩部沿身体前、后、上、下四个方向进行绕动。

注意要点:绕肩时,身体不要摆动,动作尽量大,要舒展开。

动作变化:单肩环绕、双肩环绕。

4.上肢动作

(1)举

动作描述:以肩关节为中心,手臂进行活动。

注意要点:动作到位,有力度。

动作变化:前举、后举、侧举、侧上举、侧下举、上举。

(2)屈

动作描述:肘关节由弯曲到伸直或由伸直到弯曲的动作。

注意要点:关节做有弹性的屈伸。

动作变化:胸前平屈、肩侧屈、肩侧上屈、肩侧下屈、胸前上屈、头后屈。

5.躯干动作

(1)胸部动作

①移胸

动作描述:移胸时,髋部位置固定,腰腹随胸部左右移动。

注意要点:移胸时,腰腹带动胸部移动,动作尽量大。

动作变化:左右移胸。

②含胸、挺胸

动作描述:含胸时,低头收腹,收肩,形成背弓,呼气;挺胸时,抬头挺胸,展肩,吸气。

注意要点:含胸时身体放松,但不松懈;挺胸时,身体紧张但不僵硬。

动作变化:手臂胸前平屈含胸,手臂侧平举展胸。

(2)腰部动作

①屈

动作描述:腰部向前或向侧做拉伸运动。

注意要点:充分伸展,运动速度不宜过快。

动作变化:前屈、后屈、侧屈。

②转

动作描述:腰部带动身体沿垂直轴左右转动。

注意要点:身体保持紧张,腰部灵活转动。

动作变化:迈步移动重心与转腰运动结合。

③绕和环绕

动作描述:腰部做弧线或圆周运动。

注意要点:路线清晰,动作圆滑。

动作变化:与手臂动作相结合进行腰部绕和环绕。

(3)髋部动作

①顶髋

动作描述:两腿开立,一腿支撑并伸直,另一腿屈膝内扣。

注意要点:动作用力且有节奏感。

动作变化:双手叉腰顶髋,左顶、右顶、后顶、前顶。

②提髋

动作描述:髋向上提。

注意要点:髋与腿部协调向上。

动作变化:左提、右提。

③绕和环绕

动作描述:髋做弧线或圆周运动。

注意要点:运动轨迹要圆滑。

动作变化:左、右方向做绕和环绕动作。

6.下肢动作

(1)立

①直立、开立

动作描述:身体直立,再双腿打开,做开立动作。

注意要点:直立时身体要抬头挺胸;开立时,脚的间距约与肩相等。

动作变化:先直立,再伸出一条腿做点立或双腿提起做提踵立。

②侧点立、前点立、后点立、提踵立

动作描述:直立后,大步迈出一腿,做屈动作。

注意要点:步子迈出不能太小,当然也不能太大。

动作变化:前弓步、侧弓步、后弓步。

(2)踢

动作描述:双腿交换做踢腿动作。

注意要点:动作干净利落。

动作变化:前踢、侧踢、后踢。

(3)弹

动作描述:双腿进行弹动动作。

注意要点:动作要有弹性。

动作变化:正弹腿、侧弹腿。

(4)跳

动作描述:做各种姿势进行腿部练习。

注意要点:跳的时候要有力度和弹性。

动作变化:并腿跳、开并腿跳、踢腿跳。

(二)健美操组合动作教学

1.髋部动作组合

髋部动作组合是由健美操的基本动作之一——髋部动作,配以健美操手臂的特色动作组合而成，主要是躯干和上肢运动，包括左右顶髋、臂屈伸及挥摆等。

动作特点：短小（共 3×8 拍），便于记忆，学习后有充分的时间反复练习。可通过变换方向重复练习。

音乐选择：旋律清晰、节奏感强的迪斯科音乐，速度为 24 拍/10 秒。

动作要领：原地顶髋是健美操髋部动作中最基本的一种。开立后左（右）腿屈膝内扣，同时向右（左）顶髋，上体保持正直。

动作要求：髋部动作幅度大，节奏感强；上肢动作到位，有力度，与髋部动作配合协调。

2. 跳步动作组合

丰富多彩、富有弹性的跳跃动作是健美操的特色之一。这套跳跃动作组合共六个八拍，由健美操的几种主要跳步，配以规范有力的上肢动作组合而成。

音乐选择：节奏感强的音乐，速度为 26 拍/10 秒。

动作要求：跳跃轻快，富有弹性；上肢动作到位，有力度；整套动作连贯，节奏准确，富有表现力。

第六章　体育教学球类运动实践指导

第一节　篮球运动实践指导

一、篮球运动的基本概况

初期的篮球活动简易而有趣,可以因人、因地、因时、因需而异,参与方便而且容易吸引人们参与,能够达到娱乐身心、健身强体、丰富生活的目的。篮球运动不仅具有激烈、刺激的竞技性,还具有促进全民健身运动的健身性,已成为当今人们健身的一大球类运动项目。

对于篮球项目而言,快速多变是灵魂,技术对抗是手段,速度力量是保障,投篮得分是目的。速度是竞技运动的生命,是篮球运动进攻、防守、防守反击、攻防转换的关键。有速度才有可能捕捉有利时机,抢占有利位置,摆脱防守,抢断成功,控球得分。经常参加篮球运动有助于人们增强体质,愉悦身心,对提高人的身体素质有着积极的作用和影响。

二、篮球运动技术教学指导

（一）传接球技术

1. 传球技术

（1）双手胸前传球

两手手指自然分开,拇指相对成八字形,用指根以上部位持球,手心空出。两肘自然弯曲于体侧,将球置于胸腹之间的部位,身体成基本站立姿势。传球时,在后脚蹬地,身体重心前移的同时前臂迅速向传球方向伸出,拇指用力下压,手腕前屈,食指和中指用力拨球将球传出。

（2）单手肩上传球

双手持球于胸前,两脚平行而立,传球时（以右手传球为例）,左脚向传球方向迈出半步,右手托球,同时将球引到右肩上方,肘部外展,上臂与地面近似平行,手腕后仰。左肩对着传球方向,重心落在右脚上,右脚蹬地,转体,右前臂迅速向前挥摆,手腕前屈,通过食指、中指拨球将球传出。球出手后,右脚随着身体重心前移而向前迈出半步,保持基本站立姿势。

2.接球技术

（1）双手接球

双手接球时,双眼注视来球,两臂伸出迎球,手指自然分开,两拇指成"八"字形,手指向前上方,两手成一个半圆形。当手指触球后,两臂随球后引缓冲来球的力量,两手握球于胸腹之间。

（2）单手接球

如用右手接球,则右脚向来球方向迈出,双眼注视着来球。接球时,手掌成勺形,手指自然分开,右臂向来球的方向伸去。当手指触球时,手臂顺势将球向后下引,左手立即握球,双手将球握于胸腹之间,保持基本持球姿势。

（二）运球技术

1.高运球

高运球时两腿微屈,上体稍前倾,眼平视,以肘关节为轴,前臂自然伸屈,用手腕、手指柔和而有力地按拍球的后上方。球的落点控制在运球手的同侧脚的外侧前方,使球的反弹高度在胸腹之间。

2.低运球

运球时,两腿应迅速弯曲,重心下降,上体前倾,球的落点在体侧,用上体和腿保护球,同时,用手腕和手指短促地按拍球的后上方,使球控制在膝关节的高度。

(三)持球突破技术

1.交叉步突破

以右脚作为中枢脚为例。两脚左右开立,两膝微屈,身体重心降低,持球于胸腹之间。突破时,左脚向左前方跨出,假装做向左侧突破,当对手重心向左偏移时,右脚前掌内侧迅速蹬地,上体向右转体探肩,左肩向前下压,重心向右前方移动,左脚迅速向右侧前方跨出,同时将球移到右侧,推放球到左脚外侧,右脚用力蹬地向前跨出,迅速超越对手。

2.顺步突破

以左脚作为中枢脚为例。准备姿势和突破前的动作要求与交叉步突破相同。突破时,假做投篮,当对手重心前移时,右脚迅速向前方跨出一步,上体向右脚外侧偏前方,左脚前脚掌迅速蹬地,向前方跨出运球突破防守。

3.行进间突破

在快速移动中,看到同伴传来的球,应快速向来球方向伸臂迎球,同时用一脚(侧向移动时用异侧脚)蹬地,两脚稍离地腾起,向侧方或前方跃出接球,形成与防守队员的位置差,两脚先后或同时落地。落地后,屈膝降重心,保持身体平衡并注意保护好球。根据防守队员的位置和具体情况,快速选择交叉步或同侧步突破。

(四)投篮技术

1.原地单手肩上投篮

以右手投篮为例。两脚开立,两膝微屈,身体重心在两脚之间,上体稍前倾,右手翻腕托球于右肩前上方,手指自然张开成球状,手心不要贴球,球的重心要落在中指和食指之间,左手帮助扶在球的侧下部,右肘自然下垂,腕关节放松。下肢蹬地的同时,右臂向前上方伸展,手腕向前扣动,手指拨球,将球柔和地送出。球出手后,手腕放松,手指自然向下。

2.行进间单手肩上投篮

跑动中右脚跨步时接球,左脚跨步迅速蹬地起跳,右腿屈膝上抬,同时举球至右肩上,腾空后当身体接近最高点时,右臂向前上方伸出,手腕前翻,食、中指拨球,通过指端将球投出。投篮出手后,两脚同时落地,两腿弯曲,以缓冲落地的力量。

(五)防守技术

1.防无球队员

(1)防接球

防接球是防守对手无球时的首要任务,必须在对手接球前就开始防守,要有预测性并积极采取行动去限制或减少对手接球,特别是在有效攻击区内接球。即便是在处于被动的情况,也要积极跟防、追堵,阻止对手接球,使其不能立即采取攻击行动,以利自己调整位置。要始终保持对手和球在自己的视线范围之内,做到人球兼顾;保持良好的防守姿势,屈膝降低身体重心,以便应变起动,同时注意起动与移动步法的衔接和平衡的控制。要在动态中使自己处于"球—我—他"的有利位置上,同时伸出同侧手臂挡在传向自己对手的来球路线上,另一手臂要伸向对手可能切入的方向。在常规情况下,仍要形成"球—我—他"钝角三角形。防接球时,丝毫不能放松对其摆脱或切入的警惕。

(2)防切入

防切入是指对进攻队员企图切入或已摆脱切入的防守。防切人最忌看球不看人,一定要坚持"人球兼顾,防人为主"的原则,一旦对手有所行动,必须采取平步堵截、凶狠顶挤、抢前等防守方法,使其不能及时起动或降低其速度。如果对手迎球方向切入,则主动堵前防守,如果对手背对球方向则防其后,目的都是切断对手接球路线。对手切入后只要没有获球,其威胁会大大降低。关于溜底线的切入,有两种跟防方法:一种是背向球,面向对手,观其眼神,封阻其接球;另一种是用后转身,面向球,背靠防守用手触摸,紧贴其身跟随移动。防反切则以后脚为轴快速向内侧转身,快速堵逼,抢占近球内侧位置,不让对手接球,并准备断球和打球。

(3)防摆脱

防摆脱是指对无球进攻队员摆脱的限制和封堵。一般来讲,进攻队员在后场的摆脱,主要是快下接球攻击,防守队员必须积极追防,并注意传向自己对手的球,抢在近球侧的路线上准备堵截。比赛时要想完全控制进攻队员无球时的行动是很困难的,主要是不能失去防守队员有利的位置。如阵地进攻时,对手采取先下后上、先左后右的摆脱,即使对手接到球,也可以继续进行防守;内线队员向外移动,可以采取错位防守或利用绕步、攻击步抢前防守,近球一侧手臂干扰其接球,另一手臂则应伸出,防其转身、背切等行动,关键在于不让对手抢占有利位置,尽可能封堵接球路线,不让他轻易接到球。

2.防守有球队员

(1)防传球

持球队员离球篮较远时,其主要的传球意图是向中锋供球和转移球。防守时要根据其位置和视线,判断其传球意图,控制其进攻性的传球。对手离篮较近时,主要防其突然传(分)球,应注意对手眼神和假动作——往往是眼向上看,球向下传;眼向右看,球向左传。防守队员要精神集中,随球动而采取打、封、阻动作。打球时以肘关节为轴,前臂上下、左右迅速屈伸。必要时配合脚的动作,用抢、打、断球破坏其传球。

(2)防运球

在一般情况下,为了不让对手运球超越自己,防守队员应与对手保持一臂左右的距离,两臂侧下张,两腿弯曲,在积极移动中保持正确的防守姿势,准确判断,随时准备抢、打球。如果要使防守具有攻击性,也可以采用贴近对手的平步防御,以扩大防守范围,增加对手做动作的难度。防守持球队员要根据对手的特点和本队的策略,采用不同的防守方法和策略。例如,为了达到一定的战术目的,可采用放其一侧、堵中放边的策略,诱使对方向边线运球,然后迫使其停止运球,造成夹击防守。

（3）防投篮

防对手中距离投篮时,应站在对手与球篮之间贴近对手的位置,两脚前后斜立,屈膝直腰,前脚同侧手伸向对手瞄篮的球并积极挥动,干扰和影响其投篮,重心略偏前脚并稍微提踵,脚下要不停地前后碎步移动。另一臂侧张,以防其传球和保持自身平衡,以便随时变换防守动作。如果防守队员距离对手较远时,应在对手接到球的同时,迅速移动到适当距离的位置上;如果对手已接到球,而防守队员的距离较远时,防守队员就应积极挥摆前伸的手,同时积极移动脚步,逐渐接近对手,防止其接球后立即投篮。防守队员向前移动时切忌步幅过大,以免失去身体平衡,使对手获得突破的机会。如果投篮队员进行投篮或防守队员上步不及时,则应随对手的出球动作,迅速顺势起跳,单臂上伸封盖,影响其投篮的方向和出手的角度。

（4）防突破

防突破的位置和距离的选择,应根据持球的对手离球篮的远近和对手的特点而定。对手距球篮远又善于突破时,防守队员应以防突破为主,抢占持球队员与球篮之间贴近对手的位置,做好防守姿势。如持球队员由投篮变为向防守队员左侧突破时,防守队员的前脚应迅速用前脚掌内侧用力蹬地,撤步并迅速向左侧斜后方滑步,阻截其突破路线;如进攻队员变投篮向防守队员右侧突破(交叉步突破)时,防守队员应迅速蹬地向右侧斜后方做后撤步,并伴随对手做横滑步,阻截其突破路线,使其被迫改变动作方式和动作方向。

第二节　排球运动实践指导

一、排球运动的基本概况

排球是一项深受广大群众喜爱的体育运动,是两队各六名队员在长 18 米、宽 9 米的场地上,从中间隔开的球网(男子网高 2.43 米、女子网高 2.24 米)上方,根据规则运用各种击球技术,进行集体的攻防对抗,不使球在本方场内落地的一种球类运动。

排球运动在我国是一项开展得比较普遍的球类运动,由于排球规则容易掌握,场地设备要求不高,并且运动量和运动负荷便于调整,因此,它适合不同年龄、不同性别的群体。排球运动能促进身体的全面发展,增进内脏器官的功能,提高弹跳、灵敏、耐力、速度、力量等身体素质以及反应能力。同时,排球运动在培养人们团结奋斗的集体主义精神、精确快速的判断能力,以及勇敢、顽强、坚韧等意志品质方面也有着突出的作用。

二、排球运动技术教学指导

(一)发球技术

1.正面上手发球

面对球网,两脚自然开立,左脚在前,左手持球于体前。用抬臂和手掌的平托上送,将球平稳地垂直抛向右肩的前上方,高度适中。在抛球的同时,右臂抬起,做屈肘后引的姿势,挺胸,抬头,肘与肩平行,上体稍向右侧转,注意球下落的时机。利用蹬地转体和迅速收腹的动作来带动手臂自然有力的快速挥出,其身体重心自然向前移至左脚,用全掌击球的中下部,同时手腕应有向下推压的动作,使球成上旋的运动形式飞行。击球时,手指自然张开与球吻合。击球后,随着重心前倾,迅速落位参加比赛。

2.正面下手发球

面对球网,两脚前后开立,略同肩宽,左脚在前,两膝微屈,上体稍前倾,重心偏向后脚,左手持球放于腹前。左手将球轻轻抛起在体前右侧,抛向约离身体正前方的40厘米处,高度离手20厘米。右臂伸直,以肩为轴摆向身体的右侧后下方,借右脚蹬地力量,身体重心随着右手向前摆动击球而移至前脚上。击球时,在腹前以全手掌击球的后方。击球后,随着击球动作重心前移,迅速入场。

3.跳发球

站到距端线3～4米处,单手或双手向前上方将球抛起,一般抛至离地面3.5～4米,落点在端线附近,随着抛球离手向前助跑跳起。起跳时两臂要协调摆动,摆幅要大。击球时,利用收腹和转体动作带动手臂挥动。击球点保持在右肩前上方,手臂伸直,利用全手掌击球的中下部,且有推压动作,使球呈上旋飞行。击球后,双膝缓冲,双脚落地,迅速入场。

(二)传球技术

1.正面双手传球

采用稍蹲准备姿势,上体稍挺起,仰头看球,两手自然抬起,屈肘,放松置于额前。当来球接近额前时,开始蹬地、伸膝、伸臂,手指微张从脸前向前上方迎出。在迎球动作的基础上,当手和球即将接触前,手腕和手指要有前屈迎球的动作。击球点在脸前额前上方约一球距离处。当手和球接触时,各大关节应继续伸展,最后用手指手腕的弹力将球击出。

2.背传

身体的背面正对着传球的目标,上体保持正直或稍微后仰,把球垫向目标为背向传球。球来时,头稍后仰并挺胸,上体向后上方伸展的同时配合下肢蹬地。击球时,手腕适当后仰,使掌心向后上方击球的底部,利用手指、手腕主动向上方的力量将球向后上方传出。

3.跳传

根据传球的高低,及时起跳,手放在脸前,当身体上升到最高点时,靠伸臂动作和手指、手腕的弹击力量将球传出。由于在空中无支撑点,用不上蹬地力量,只能靠伸臂动作将球传出,因此必须在身体下降前传球出手,如此才能控制传球力量。

(三)垫球技术

1.正面双手垫球

看清来球的落点后,迅速移动到位,对准来球,成半蹲准备姿势站立。两手抱拳互握,两拇指平行朝前。两臂自然伸直,两臂稍外展靠拢,手腕下压,手腕关节以上的前臂形成一个点击的平面。身体对准来球后,手臂迅速插入球下,击球时,蹬腿提腰,重心随之前移,同时靠两臂相夹、含胸收肩、压腕抬臂等动作的密切配合,将球准确地垫在小臂上。在垫击的一瞬间,两臂要保持平稳固定。击球时,身体和两臂要自然地随球伴送动作,以便控制球的落点和方向。通常在来球与腹前约一臂距离时,两臂加紧前冲,插入球下,使击球点保持在腹前,用前臂腕关节以上 10 厘米左右桡骨内侧平面触球为宜,将球垫出。如来球的力量小或垫击的球距离远,垫击必须加上抬臂动作,给球以反击力;如来球的力量大或垫击的球距离近,则只需轻轻一垫,靠反弹力垫起。有时来球力量很大,为了缓冲来球的力量,手臂还需顺势后撤,加上含胸收腹的协调力,使球得到缓冲后垫出。一般来说,垫球的用力大小与来球的力量成反比,与垫出球的距离成正比。要根据来球的角度和要求垫出的方向,运用入射角近似于反射角的原理,调整手臂与地面的角度和左右转动手臂平面来控制垫球方向。来球弧度较平要求垫出的球弧度平时,手臂角度应大;反之,应小。

2. 体侧垫球

来球飞向体侧,来不及移动对准来球时,可用双臂在体侧进行垫击。当球向左侧飞来,右脚前脚掌内侧蹬地,左脚向左跨出一步,重心随即移至左脚上,左膝弯曲,同时两臂夹紧向左侧伸出,右肩微向下倾斜,用向右转腰和提左肩的动作,使前臂垫击球的后下部。切忌随球向左侧摆臂击球,这样会造成球飞向侧方。

3. 背垫球

背向垫球时,要判断好球飞行方向,迅速移动到球的落点上,背对出球方向,两臂夹紧伸直,击球点最好高于肩。击球时要抬头挺胸,展腹后仰,直臂向上方摆动抬头。

4. 单手垫球

当来球低、球速快,在体侧距离远来不及用双手垫球时,可以采用单手垫球的方式。来球在右侧远处时,迅速移动接近球,最后右脚跨出一大步,上体向右倾斜,右臂伸直自右后方向摆动,用前臂内侧、掌根或虎口处击球的下部。

(四)扣球技术

1. 正面扣球

以右手扣球为例。扣球助跑前采用稍蹲姿势,两臂自然下垂,观察判断来球。助跑的作用是为了接近球,选择适宜的起跳地点,同时也起到增加弹跳的作用,助跑时要根据球的远近和个人的习惯采用一步、两步、三步或多步法。以两步助跑为例。助跑时,左脚先向前迈出一步,这一步要小,接着右脚再迅速跨出一大步,左脚及时跟上,踏在右脚之前,两脚尖稍向右转,并以右脚的脚跟先着地过渡到全脚掌着地,两臂由体前经体侧摆至体后上方,上体前接着重心前移并降低重心,两膝弯曲并内扣,准备起跳。第一步决定助跑的方向,第二步起到调整作用,使起跳的位置正确,起跳后保持好正确的击球点。起跳的目的不仅在于获得高度,还为了掌握扣球的时机和选择适当的击球位置。击球是扣球技术的关键环节。起跳前,挺胸展腹,上体稍向右转,右臂向后上方抬起;起跳后,挺胸展腹,上体稍向右转,右臂向后方抬起,身体成反弓形,利用含胸吸腹动作,带动肩、肘、腕各关节成鞭甩动作向前上方挥动,使全身的协调用力集中于手上,以加大击球力量。击球时,五指微张呈勺形并保持紧张,掌包满球,击球的后中部,同时主动用力屈腕、屈指向前推压,使扣出的球加速上旋。落地时,应力争双脚尽快同时着地。以前脚掌先着地再过渡到全脚掌着地。同时顺势屈膝、收腹,以缓冲下落力量,并立即做好下一个动作的准备。

2.单脚起跳扣球

单脚起跳扣球的助跑角度要小,单脚起跳动作要求以扣球手手臂一侧的一脚蹬地踏跳,同侧腿迅速向上摆动,带动身体上升。即在助跑过程中,右脚落地时,左脚向前跨出一大步并蹬地起跳,右脚向上摆动,同时配合展腹的挥摆,帮助起跳并提高弹跳高度。起跳后保持好击球点,按照正面扣球动作击球。

(五)拦网技术

1.单人拦网

队员面对球网,两脚平行开立,约与肩同宽,离网 30～40 厘米。两膝稍屈,两臂在胸前自然弯曲。注意观察和判断对方场上队员的行为和球的飞行情况,随时准备移动和拦网。

为了及时扣球,可根据各种情况采用并步、交叉步、滑步等移动步法迅速取好起跳点,准备起跳。原地起跳时,重心降低,两膝弯曲,用力蹬地,使身体垂直起跳。

起跳时,两手从额前贴近并平行球网向网上沿的前上方伸出,两臂伸直,两肩尽量上提。拦网时,两臂尽力过网伸向对方上空,两手接近球，并自然张开，当手触球时，两手要突然紧张，手腕用力下压盖住球的前上方。手腕的主动用力盖帽揿球，使球反弹角度小，对方不易防守。为了防止打手出界，2、4号位队员的外侧手掌心要向内转。

选择拦网的部分不能只根据球的位置，更主要的是根据扣球人的动作。除事先了解扣球人的特点之外，主要根据扣球人的身体位置和挥臂方向。因此，在根据球的位置起跳时，要把注意力转移到扣球人的动作上，最后根据其挥臂方向，判断球的过网位置，双手伸向这个部分拦网。如果伸手拦网后，又发现扣球人转变扣球方向，也可采用空中移位拦网，伸向对方扣球方向那一侧的手，手腕可以加侧倒动作，扩大拦区。

如已将球拦回，则可面对对方，屈膝缓冲，双脚落地。如未拦到球，则在下落时就要随球转头，并以转头方向相反的一只脚先落地，随即转身面向后场，准备接应来球或做下一个动作的准备。

2.集体拦网

（1）双人拦网

双人拦网是集体拦网的主要形式。双人拦网主要由2、3号位或3、4号位队员组成。根据对方不同的进攻位置，队员具体分工也不同。当对方从4号位进攻时，应以本方2号位队员为主，3号位队员移动并拢协同配合拦网，组成双人拦网；如果球较集中，则以3号位队员为主，2号位队员进行配合拦网。当对方从3号位进攻时，一般应以本方3号位为主，4号位协同配合；若对方从2号位进攻，则以本方4号位队员为主，3号位队员进行协同配合拦网。

（2）三人拦网

三人拦网多在对方进行高点强攻的情况下运用。在组成三人拦网时，不论对方从哪一个位置进攻，都应以本方3号位队员为主拦者，两边队员主动配合拦网。

第三节　乒乓球运动实践指导

一、乒乓球运动的基本概况

乒乓球运动产生于 19 世纪中末期的英国,其起源与网球的发展有着非常密切的关系。乒乓球运动英文名为 table tennis,即桌上网球。据记载,19 世纪后半叶,在一些英国大学生中流行着一种极类似现在乒乓球的室内游戏:发球时,可将球直接发到对方台面,亦可把球先发到本方台面再跳至对方台面;球拍是空心的,用羊皮纸贴成,形状为长柄椭圆形;为了不损坏家具,在橡胶或软木实心球外,往往包一层轻而结实的毛线;有时在饭桌上支起网来打,有时索性就在地板上用两个椅子当作支柱,中间挂起网来打。虽然打起来不十分激烈,但颇有一番乐趣。

乒乓球运动能够有效提高身体的各项机能,增强体质。除此之外,乒乓球运动还能促进参与者之间的交流,帮助参与者增进人际关系。

二、乒乓球运动技术教学指导

（一）发球技术

1. 正手平击发球

正手平击发球是初学者最基本的发球方法,其速度应一般,略带上旋。动作是站位近台中间偏左处,抛球同时向右侧上方引拍,上臂带动前臂向前平行挥动,拍形稍前倾,在球的下降期击球的中上部向前方发力,使球的第一落点在球台的中段附近。

2. 反手发右侧上（下）旋球

反手发右侧上（下）旋球以旋转变化为主,飞行弧线要向左偏拐,对方回球时容易出现向其左侧上（下）反弹。这种发球方式能起到迷惑对方的作用。右脚稍前,重心在腰、臂协调用力,有利于提高发球速度和增大发球力量。

(二)接发球技术

首先,接发球时,要合理选择站位。一般来讲,如果对方站在球台左半台,本方也应站在球台的左半台;若对方站在球台的右半台,本方也应相应调整至球台的中间偏右位置。一般站位离球台30~40厘米为宜。

其次,接发球时,要正确判断来球路线,判断上不出现大的偏差,如此才能更好地运用接发球技术。

(三)攻球技术

1.正手攻球

(1)正手快攻

左脚稍前,身体离球台约40厘米。击球前,持拍手臂要向右前伸迎球,前臂自然放松,球拍呈半横状。当球从台面弹起时,前臂和手腕向前上方挥动,并配合内旋转腕的动作,使拍形前倾,在上升期击球中上部。拍触球刹那,拇指压拍,同时加快手腕内旋速度,使拍面沿球体做弧形挥动。击球后,挥拍至头部高度。

(2)正手拉攻

攻球时,左脚稍前,身体离球台约60厘米。击球前,持拍手臂向右后下方引拍,球拍比半横状略下垂些,拍形稍后仰。当球从高点开始下降时,上臂由后向前上方挥动,在将触球前,前臂加速用力向左上提拉,同时配合手腕动作向上摩擦球,在下降期击球中部或中下部,拍形接近垂直。遇来球低或下旋较强时,腰部应配合向上用力。击球后,要随势将球拍挥至额前,重心移至左脚。

2.反手攻球

(1)反手快攻

右脚稍前,身体离球台约40厘米。持拍手臂自然弯曲,将球拍移至腹前偏左的位置。击球时,前臂和手腕向右前上方挥动,同时配合外旋转腕动作使拍形前倾,在上升期击球中上部。击球后,随势将球拍挥至右肩前。

（2）反手拉攻

右脚稍前,身体离球台约 60 厘米。击球前,持拍手臂的上臂靠近身体,前臂向左下方移动,将球拍移至腹前偏左的位置,球拍略下垂并稍低于台面,拍形稍后仰。击球时,上臂稍向前,同时配合向外转腕动作,前臂向右前上方迅速挥动,在下降期击球中部或中下部,在此过程中腰部应辅助用力。击球后,随势将球拍挥至额前,身体重心移至右脚。

（四）搓球技术

1.慢搓

反手慢搓的站位是右脚稍前,身体离球台约 50 厘米,持拍手臂向左上引拍。击球时,前臂和手腕向前下方用力,同时配合内旋转腕的动作,拍形后仰,在下降后期搓击球中下部。击球后,前臂随势前送。

2.快搓

右脚稍前,身体靠近球台。来球在身体左侧时,可运用反手搓球。击球时,上臂迅速前伸,前臂跟随向前,拍形稍后仰,利用上臂前送力量,在上升期击球中下部。来球在身体右侧,可以运用正手搓球。搓球时,身体稍向右转,手臂向右前上引拍,然后前臂和手腕向前下方用力,在上升期击球中下部。

3.摆短

摆短具有动作小、回球快、弧线低、落点近网的特点。用摆短还击近网下旋来球很有效,但对付长球或不转球有一定难度。其动作与快搓基本相同,但击球时间相对提前（上升前期）。在将触球时,手臂停止前伸,利用来球的反弹力,向前下方摩擦球的中下部,手腕有一定的减力动作,还可略带侧向摩擦,以便起到缓冲作用。

4.劈长

劈长具有速度快、线路长、旋转强、弧线低平、出手凶狠等特点,常使对方无法获得上手进攻所必需的引拍距离,在接发球时与摆短配合运用能起到更好的效果。劈长动作与一般搓球类似,但引拍稍高(须高于来球),在高点期(或上升后期)触球,前臂带动手腕快速向前下方砍击,发力集中,动作幅度较大,身体重心要随摩擦球的方向跟出。

(五)弧圈球技术

1.正手弧圈球

(1)正手高吊弧圈球

两脚开立,右脚稍后,身体略向右转,两膝微屈,重心放在右脚上。准备击球时,持拍手臂自然下垂,并向后下方引拍,右肩略低于左肩,拇指压拍使拍形略为前倾,呈半横立状,并使拍形固定。当来球从台面弹起时,手臂向前上方挥动,前臂在上臂带动下爆发性用力做快收动作。将触球时,手腕向前上方加力,在球下降期用拍摩擦球的中上部。球拍擦击球时,要注意配合腰部向左上方转动和右腿蹬地的力量。击球后,重心移至左脚。

(2)正手前冲弧圈球

两脚开立,右脚稍后,身体略向右转,重心放在右脚上,将球拍自然地拉至身后(约与台面同高),拍形保持前倾,与地面成35°~40°夹角。当球从台面弹起还未达到高点时,腰部向左转动,手臂向前上方挥出,前臂在上臂的带动下,迅速内收,手腕略转动,在高点期或下降期前用拍擦击球的中上部,使之以较低的弧线落在对方的台面上。击球后,重心移至左脚。

2.反手弧圈球

两脚平行或左脚稍后站立,两膝微屈,重心较低。击球前,将球拍引至腹部下方,腹部略内收,肘部略向前,手腕下垂,拍形前倾。当球从球台弹起时,以肘关节为轴,前臂迅速向上挥动,结合手腕向上转动的力量,在下降期用拍擦击球的中部或中上部。在击球过程中,两腿向上蹬伸。

（六）削球技术

1.远削

（1）正手远削

两脚分开,右脚稍后,身体略向右转,手臂向右后上方移动,前臂提起,球拍上举。当来球跳至下降后期,随着身体的向左转动,上臂带动前臂同时向左前下方用力,拍面后仰,触球中下部,手腕有一摩擦球的动作。

（2）反手远削

反手远削的动作基本同正手削球,但方向相反。反手削球引拍动作要有节奏。

2.近削

（1）正手近削

正手近削的动作与正手远削相似,不同之处在于正手近削以向上引拍为主,拍形近似垂直或稍稍后仰,整个动作以向下为主,略带向前向左,在来球的上升后期或高点期触球的中下部（比远削偏中部）,动作速度比远削要快。

（2）反手近削

反手近削与正手近削动作相同,但方向相反。引拍动作应适当加快。

第四节　羽毛球运动实践指导

一、羽毛球运动的基本概况

羽毛球运动有着非常悠久的历史,但是,对于羽毛球运动的起源,至今也还没有较为确切的说法。其中,人们最认可的观点是羽毛球运动是由毽子球游戏演变而来的。

在羽毛球运动过程中,练习者通过在前场和后场的快速移动,中场的起跳扣杀、跨步救球,网前的轻吊,双打时的配合换位等,能很好地增强力量素质、速度素质、灵敏性素质和柔韧性素质等。经常从事羽毛球运动可以增强人体的灵活性和协调性,可以提高人的上下肢及躯干的活动能力,改善呼吸系统和心血管系统的功能,增加肺活量,增强代谢功能,改善吸氧能力,增强体质,提高免疫功能,缓解疲劳。

二、羽毛球运动技术教学指导

(一)发球技术

1.正手发球

(1)正手发高远球

完成正确的站位和准备姿势后,开始准备挥拍击球,直至完成一系列动作。

挥拍时,先放球,右手的大臂带动小臂,从右后方向左前上方挥动的同时,右脚蹬地,腰腹向正前方转动,同时身体重心随势前移。

击球时,要使下落的球与拍面在身体右侧前下方的交叉点碰触,球触拍面的中上部。击球瞬间,握紧球拍,闪动手腕,向前上方鞭打击球,在击球的同时,手臂随击球后的惯性自然往左肩上方挥起,身体重心也由右脚移至左脚。

击球后,重心下沉,微屈双膝,随时准备回击对方的来球。

(2)正手发平高球

发球前,站在离前发球线1米左右发球场区中线附近。面对球网,两脚自然开立,左手持球,自然弯曲置于胸前,左脚在前,右脚在后。身体重心放在右脚上,身体略微向后仰,右手向右后侧举起,肘部稍弯曲。

挥拍时,左手把球举在身体靠右前方并放下,使球下落,右手同时挥大臂带动小臂,小臂加速自右后方往左前方挥动球拍。

击球时,球落到击球人腰部稍下的一刹那,紧握球拍,手腕向前上方击球,瞬间前臂加速带动手腕发力,拍面稍向前上方推进,动作幅度小于发高远球。触球时拍面仰角要小于 45°,拍面稍向前推送击球。从小臂起动到最后球拍击球的整个过程就像甩鞭子一样。

击球后,应迅速还原,准备回击。

2.反手发球

(1)反手发网前短球

面向球网,两脚前后开立,上体稍前倾,将身体重心放到前脚上。右手臂屈肘,用反手握拍法将球拍斜下举在腰下。击球时,瞬间利用前臂带动手腕、手指向前横切推送,让球贴网而过落在近网处。特点:发球挥拍较慢,发力轻,球的落点近网。

(2)反手发平快球

发球前,站位和准备姿势与反手发网前短球基本相同。击球时,手要紧握拍柄,加快挥拍速度,掌握好拍面角度,用"甩"腕与手指动作配合的爆发力将球向前或前上方击出。

(二)接发球技术

1.接高远球

对方发高远球或平高球时,通常会采用平高球、吊球或杀球来进行还击。一般来说,接发高远球是一次进攻的机会,还击得好,就掌握了主动。一些初学者常因后场技术没掌握好,还击球的质量较差,以致遭到对方的攻击。

2. 接网前球

对方发来网前球时,通常会采取平高球、高远球、放网前球、平推球等技术来进行还击;如对方发球质量不好,也可用扑球还击。根据对方不同的发球技术,在洞察对方发网前球的意图的基础上,要根据场上的情况、对手的特点以及自己的战术设计来做最佳的还击。

3. 接平快球

对方发来平快球时,可用平推球、平高球还击,以快制快。由于接球方还击的击球点比发球方高,下压狠一些可以夺取主动。另外亦可以用高远球还击,以逸待劳。不能仓促还击网前球,因为如果击球质量稍差,就有可能遭到对方的进攻。

(三)网前击球技术

1. 放网前球技术

(1)正手放网前球

击球前,准确判断来球路线和落点,快速上网,侧对球网。左脚在后,右腿跨成弓箭步,重心放在右脚,正手握拍,做好放网前球准备。球拍随着前臂向右前上方斜举,当球拍举至最高点时,前臂开始外旋转动,手腕稍后伸,左臂自然后伸,起平衡作用,这就是网前进攻技术击球前期动作的一致性。

击球时,前臂稍外旋,手腕由后伸至稍内收闪动,握拍手的食指和拇指夹住球拍,中指、无名指、小指轻握拍柄,使球拍在手腕和手指的挥摆用力下,轻击球托把球轻送过网。

击球后,身体还原至准备姿势。

(2)反手放网前球

反手放网前球动作同正手放网前球,不同在于反手握拍、反面迎球。

击球前,要准确判断来球路线和落点,快速向前,左侧上网,右脚在前,左脚呈弓箭步,将身体重心放在右脚上,侧身对网。

击球时,主要靠前臂的前伸、外旋和手腕由内收至外展的合力,轻击球托底部把球轻送过网。

击球后,整个动作还原成下次击球的准备姿势。

2.网前勾球技术

(1)正手勾球

击球前,依据来球快速上网,与此同时,手握球拍向右前方举起。侧身对网,重心在右脚;握拍小臂前伸,稍有外旋,手腕稍后伸,手腕、手指自然放松;拍柄稍向外捻动,拇指贴在拍柄宽面,食指第二指节贴在拍柄背面宽面,拍柄不触掌心。

击球时,小臂稍内旋,手腕由稍后伸至内收闪腕,肘部略回收,拍面朝对方右网前拨击球托侧底部,使球沿网的对角线飞越过网。

击球结束后,持球拍的手臂回收至体前,做好迎接来球的准备。

(2)反手勾球

击球前,依据来球手臂前伸,球拍平举。准备击球时,肘部突然下沉,同时小臂略有外旋。

击球时,击球瞬间,手腕由屈腕到伸腕闪动,拇指内侧和中指将拍柄向右侧一拉,其余的手指突然紧握拍柄,球拍背面朝对方左网前拨击球托侧底部,球沿网对角线飞越过网。

击球结束后,持球拍的手臂回收至体前,做好迎接来球的准备。

3.网前搓球技术

(1)正手搓球

做好击球准备,正手搓球击球前,要求上网步法快。左脚蹬地,右脚向网前跨成弓步,侧身对网,重心在右脚,左手自然后伸,以保持平衡。持拍手臂向前伸出,以肘为轴,前臂做外旋动作,手腕外展,出手要快,握拍手腕和手指自然放松。

击球时,前臂稍外旋,拍面与球网成斜面向前。用手指控制好拍面并发力,使搓出的球尽可能地贴网而过。

挥拍时,腕部由展腕至收腕闪动,带动手指向前"切削",搓击球托侧底部,使球呈下旋翻滚过网;或腕部由收腕至展腕闪动,带动手指离网"提拉",搓击球托侧底部,使球呈上旋翻滚过网。要注意,挥拍力量和拍面的角度以来球时离网的远近而定。

(2)反手搓球

击球前,同样要求快步上网。左脚蹬地,右脚向网前跨成弓步,侧身背对网,重心在右脚,握拍手臂向前伸出,出手要快,手腕、手指自然放松,前臂稍上举,收腕前屈,握拍手部高于拍面,反拍迎球。

击球时,主要靠前臂的前伸外旋和手腕由内收至外展的合力带动手指离网"提拉",搓击球托的侧底部,使球呈上旋翻滚过网。做这一技术动作时,要注意球不是被弹出去的,而是被手腕和手指的力量搓出去的,不要忽视击球时手指的捻动动作。

4.网前推球技术

(1)正手推球

准备击球时,肘关节微屈回收,小臂稍外旋,收腕后伸,球拍向后摆,小指、无名指稍松开,使拍柄稍离手掌鱼际肌。

击球时,身体稍前移,小臂前伸并带内旋、收腕,手指控制拍面角度,收腕由后伸至闪动,食指前压,小指、无名指突然握紧拍柄。球拍急速推击球,球沿边线飞向对方后场底角。击球瞬间,拍面几乎与球网平行。正手推直线球时,击球点在身体右前方;推对角球时,击球点在近肩侧前方。

(2)反手推球

击球前,准备姿势与反手网前搓球相似。准备击球时,小臂向左胸前收引,屈肘屈腕。

击球时,小臂前伸略带外旋,收腕由屈到伸闪动,中指、无名指和小指突然握紧拍柄,大拇指顶压,向前挥拍,推击球托侧底部,将球推击到对方后场底线。反手推直线球时,击球点在身体左前方,推对角球时,击球点在近肩侧前方。

5.网前扑球技术

(1)正手扑球

击球前,准确判断来球的高度和路线,依据来球快速蹬步上网,身体右侧扑向网,球拍随手臂向右前伸,斜上举,拍面朝前。准备击球时,小臂外旋,收腕关节后伸,小指、无名指稍松开,使拍柄离开鱼际肌。

击球时,收腕由后伸到屈腕闪动,利用小臂、收腕和手指力量向前下方闪动击球,球拍触球后立即收回,或靠手腕从右前向左前"滑动"式挥拍扑球,以免球拍触网违例。

击球后,球拍随手臂向右侧前下方回收,做好迎接下一来球的准备。

(2)反手扑球

击球前,反手握拍于左侧前,当身体向左侧前方跃起时,持拍手小臂前伸、上举,收腕外展,拍面正对来球。

击球时,手臂伸直,手腕由外展到内收闪动,手握紧拍柄,拇指顶压,加速挥拍扑击球。击球后即刻屈肘,球拍回收,以免球拍触网违例。

(四)低手击球技术

1.挑高球

(1)正手挑高球

击球前,判断来球,快速上网,左脚积极蹬地,右脚跨步向前成弓步,侧身对网,重心在右脚。正手握拍,手臂自然向右前方伸出,小臂外旋伸腕,左臂自然后伸起平衡作用。击球时,以肘关节为轴,小臂带动手腕快速由右下方向前上方挥拍击球。

（2）反手挑高球

击球前,判断来球,快速上网。左脚积极蹬地,右脚跨步向前成弓步,重心在右脚,侧身背对网。反手握拍,手臂向左前方伸出,小臂内旋屈肘、屈腕,左臂自然后伸起平衡作用。击球时,以肘关节为轴,小臂带动手腕快速由左下方向前上方挥拍击球。

2. 接杀球

（1）挡网前球

正手挡网前球:接球前,身体移至右场区并右倾,手臂右伸,前臂外旋,手腕外展。击球时,前臂内旋稍翻腕,带动球拍由右下向前上方挥动击球,把球挡向直线网前;也可以在击球时前臂由外旋到内收,带动球拍由右向前切送挡直线网前球。击球后,身体左转正面对网,然后右脚上前一步,球拍随身体向左转收至体前。还原成准备姿势,做好迎接下一来球的准备。

反手挡网前球:接球前的准备姿势同正手相似,但动作方向与正手握拍法相反。左脚向左侧跨出一步,身体左转,屈右肘,小臂内旋,手腕外展。击球时,借来球冲力,拍由左上方向左前方用拇指的顶力挥拍轻击球托,把球挡回直线网前。击球后,面对网,球拍随身体的移动收至体前。

（2）平抽反击球

准备反击球时,站在球场中心附近,两脚左右开立,两膝微屈,面向球网,准备。右手持拍在体前,准确判断来球,左（右）脚向左（右）侧跨步到位,引拍至左（右）侧后。

正手平抽球时,小臂要由外旋转为内旋,手腕由伸腕至伸直闪动,手指握紧拍柄,通常用食指的力量向前发力挥拍击球。

反手平抽球时,小臂要由内旋转为外旋,手腕由稍内至外展收闪动,手指突然握紧拍柄,通常用拇指的反压力,向前稍上挥拍进行击球。

3.抽球

(1)正手抽底线球

击球前,依据来球迅速移动。左脚蹬地,右脚向正手底角跨出,侧身向网,上体向右后倒,重心在右脚。右手握拍,手臂向右举拍,大臂与小臂约成120°。准备击球时,小臂外旋伸腕,球拍后引,拍面稍后仰。击球时,主要靠小臂带动手腕"抽鞭"式向前挥拍,小臂由外旋到内旋,腕部由伸到屈闪动击球。向前上方用力击球成高远球,向前方用力击球则成平球。击球后,立即还原成准备姿势,以做好迎接下一来球的准备。

(2)反手抽底线球

击球前,依据来球快速移动。左脚蹬地,右脚向反手底角跨出,上体前背对网,重心在右脚。反手握拍将球拍举于左肩上方。击球时,大臂带动小臂、手腕和手指沿水平方向快速向后挥拍,手臂基本伸直时,小臂外旋,手腕后伸用力闪动击球。向后上方用力击球成高远球,向后方用力击球则成平球。

(五)高手击球技术

1.击高球技术

(1)正手击高球

击球前,判断好来球的方向和落点,侧身后退,使球处在自己的右肩稍前上方的位置。左肩对网,左脚在前,右脚在后,重心在右脚上。左臂屈肘,左手自然上举,右手持拍,手臂自然弯曲,将球拍举在右肩上方,双眼注视来球。

击球时,右上臂后引,随之肘关节上提,明显高于肩部,将球拍后引至头部,自然伸腕(拳心朝上)。然后在后脚蹬地、转体收腹的协调用力下,以肩为轴,上臂带动前臂快速向前上方甩腕做鞭打动作,手臂伸直在最高点,用手指、手腕和手臂的力量将球击出。

击球后,持拍手顺惯性往前左下方挥动并收拍至体前。与此同时,右脚向前迈出,左脚后撤,身体重心由后脚移到前脚上。还原成击球前的准备姿势,做好下一个来球的防守准备。

(2)反手击高球

击球前,依据来球落点,迅速把身体转向左后方,移动到适合的击球位置,背对球网,并用反手握拍法握拍。右脚跨向左后方,球拍由身前举到左肩附近,以上臂带动前臂转动。将身体重心移到右脚上,将球置于身体的右上方。

击球时,前臂由左肩上方往下绕半弧形,最后一刹那时手指紧握球拍,击球点应在右肩上方为好,以手腕往右后上方或者根据还击的需要掌握好球拍的角度进行击球,把球击向后上方。注意最后用力时,要用拇指的侧压力和甩腕的爆发力,以及蹬地转体时候的全身协调用力。击球后,转身,手臂回收到胸前。

2.扣杀球技术

(1)正手扣杀球

准备姿势和动作过程与击高球的技术相似。击球时,右脚起跳,把球调整在右肩的稍前上方,接着身体后仰,身体成反弓姿势,快速收腹,手臂以最大的速度向前上方挥摆,最后通过手腕的高速挥动击球托后部,使球直线下行。杀球后,前臂带动球拍随惯性在体前收拍,身体重心由右脚移至左脚。

(2)反手扣杀球

动作方法与反手击高球相同。不同的是击球前的挥拍用力要大,身体反弓加上手臂与手腕延伸、外展的鞭打用力,可向对方的直线或对角线的下方用力,击球瞬间球拍与扣杀球方向的水平夹角小于 $90°$。

3.吊球技术

（1）正手吊球

击球时,用手指、手腕发力,做快速切压球动作,击球托的后部和侧后部。如果吊斜线球,就要球拍切削球托的右侧并向左下方发力;如果吊直线球,拍面正对前方,向前下方切削球托。

（2）反手吊球

反手吊球准备动作与反手击高球相同,但是击球时的握拍方法、拍面的掌握、力量的运用与反手击高球有所区别。击球时,前臂挥动速度减慢,而手腕摆动加速。

吊直线球时,用球拍反面切削球托的后中部将球击出,落点在对方右场区前发球线附近。吊斜线球时,用球拍反面切削球托的左侧部将球击出,落点在对方左场区前发球线附近。

第七章 体育教学功能实现与创新应用的保障体系

体育教学的功能是多种多样的,这些功能的实现对体育教学的发展和完善有着非常重要的意义。因此,保证这些功能的实现就成为一项非常重要的"后期"工作内容。现代体育教学强调从体育教学的各个方面入手来做好相应的保障工作,如体育教学主体的培养、体育教学体系的构建、体育教学环境的优化、体育教学管理的完善等。除此之外,随着科学技术的突飞猛进,现代新型科学技术在体育教学中的应用成为需要关注的一个重点。只有全面开展各项工作,现代体育教学的多方面功能才有可能实现,体育教学的创新与发展才能得到有力保证。

第一节 积极培养和发展体育教学主体

一、体育教师的培养与发展

（一）体育教师在体育教学中的主导地位

1. 对体育教学内容选择和加工的主导

在体育教学中,体育教学内容的选择和加工是非常重要的工作内容,其能将体育教师的主导性体现出来,这也使得体育教师成了选择和加工体育教学内容的主导者。学生学习体育知识和相关技能都是通过教师教学来实现的,可以说,教师的"桥梁"作用是非常显著的。除此之外,体育教师在选择体育素材并进行加工方面的职责也是至关重要的。

2. 对体育教学方法选择和运用的主导

教学方法是体育教学得以顺利开展的重要手段,在这一方面,体育教师的主导性主要体现在对教学方法进行有效选择并加以运用。教学方法的选用要根据教学内容和学生的实际情况来加以选用。

3. 对学生良好学习习惯的主导

良好学习习惯的养成会对学生的学习产生积极的影响,因此,教师应通过教学来引导学生养成良好的学习习惯。在这一过程中,教师要适当提供帮助,从而帮助学生顺利完成学习任务。

4. 对优良体育教学环境营造的主导

体育教学的教学环境与其他学科的教学环境是不同的,一般来说,良好体育教学环境应该是美观、舒适、安全且有激励性的。这就要求体育教师在营造良好的体育教学环境方面具有一定的能力,从而帮助学生掌握体育知识和技能,并将已有的体育知识和技能进行迁移,形成新技能。

5. 对学生体育学习评价的主导

体育教师的主导作用在学生体育学习的评价方面也有显著体现。学生平时的上课态度和学习方式都是体育教师要注意的重要方面,体育教师以此为依据对教学方式和内容进行适当调整,以保证体育教学效果。同时,这些方面也是体育教师进行教学评价的主要内容,教师根据评价的结果对学生进行区别对待,或积极鼓励,或适当表扬。体育教师通过教学反馈来对学生的学习进行总结性评价和形成性评价,通过组织学生之间的相互评价和学生的自我评价来推动体育学习的深入和发展。

（二）体育教师主导性的发挥

体育教师主导性的发挥主要包括"目标""路线""被导的主体"三个方面的因素,具体如下。

1.进一步了解并熟练掌握体育教材内容

体育教师要对体育教材非常了解并能熟练掌握,具体来说,就是要明确体育"用什么教"和"怎么教"。此外,体育教师还要熟悉体育教材及其背后的体育学科,对体育的文化体系、技能体系以及体育教材中的"科学体系"有必要的了解。

2.对体育教学观念的认识要全面且深入

体育教师对体育教学观念的全面认识,具体是指体育教师要明确体育的教学目的。体育教师要明确什么样的体育教学能满足社会发展的需求,明白体育学科的最终目的。

3.对学生的身心发展特点及规律的了解要全面

一方面,学生在某些特征方面是统一的,体育教师可以以此为依据来了解学生共同的学习兴趣、志向和要求,以及学生面临的学习难点。另一方面,学生的特征也存在着差异性,体育教师要了解学生在学习兴趣、志向和要求方面的差异,以及学生各自面临的不同的学习难点。

（三）体育教师的可持续发展

1.满足体育教师的需求,保证教师队伍的稳定性

学校应从体育教师的切身需要出发,采取积极措施解决他们生活和工作中的困难,满足他们的需求,使体育教师队伍保持较好的稳定性。具体的工作内容如下:

第一,全面提高师资队伍的政治思想素质,通过各种方式和途径来对教师树立正确的世界观、人生观和价值观进行有效指导,抓好师资队伍建设。

第二,要切实提高教师的待遇,使教师的社会价值与所得到的福利之间不要有太大的偏差。

第三,努力为中青年教师成长创造一个人尽其才、才尽其用的良好环境。积极引进高精尖人才,保证现有教师队伍的综合专业水平和稳定性。

2.做好培养和培训工作,优化体育教师学历结构

师资队伍建设一直以来就是教育事业发展过程中的重点内容之一,但是,这项工作是非常难的,这就要求学校在这方面必须加强领导、全面规划和统一管理。

第一,建立起体育教师的档案,采用多种措施,通过多种渠道为体育教师的培养和培训提供机会,使体育教师的学历水平能够保持在一个较高的水准上。

第二,进一步规范体育教师的进修和管理工作,使体育教师拥有定期进修的机会。同时,根据实际情况,适当资助体育教师的科研工作,使体育教师的素质和科研能力得到有效提升。

3.大力改革,保证教师结构的合理性

学校应进一步完善教师考核管理体系,使聘任制得以完善,并不断加强职务聘用和考核管理工作。

二、体育教学中学生的培养与发展

(一)学生主体性在体育学习中的内容与形式

学生的主体性就是指体育教师教学活动的开展是围绕学生来进行的。学生学习的主体性是靠学生通过主观能动性而获得的。人的主体性是个性的核心。

1.体育学习内容的选择性

体育学习过程中,学生的选择性主要从选择学习内容和学习方式上得以体现。受现代教学思想、教育目标等方面因素的影响,学生主动参与教学内容的选择是非常重要且必要的一项技能。因此,让学生在教学目标的框架内参与一部分教学内容选择,是学生主体性发挥的需要和必然。

2.体育学习过程中的自主性

体育学习过程中,学生的自主性在很多方面都有所体现。首先是思想意识层面的自主性;其次是学习行为层面的自主性;最后是潜在能力挖掘层面的自主性。

3.体育学习过程中的能动性

学生积极地参与体育活动,并能主动地以自己已有的体育知识经验、认知结构和情意结构去同化外界的教育影响,对它们进行吸收、改造、加工或加以排斥,使新、旧体育知识进行新的组合,体现出了学生在学习过程中的能动性。

（二）体育教学中学生主体性的发挥

1.教师要以学生学习目标为依据制定教学目标

在体育教学中,教师所制定的教学目标应该和学生的学习目标一致。但是仅仅这样是不够的,体育教师还要将教授的目标转化成学生学习的目标。从某种意义上来说,教师要将"站在学生的立场上看待目标"作为课前准备的重要内容。

2.高度重视学生对学习方法的选择

对于体育教师来说,要将学生的主体性充分发挥出来,需要让学生按照自己乐于接受的、具有独特个性的学习方法进行学习。尽管当前我国的教育方式已经逐渐由被动向主动转变,但还是需要在体育教学领域中加大自主性学习和研究性学习的比重,对学生自主探索的精神和创新意识进行重点培养。

第二节　建立完善的教学体系与和谐的教学环境

一、建立完善的体育教学体系

（一）选择合适的体育教学内容

1.体育教学内容概述

体育教学内容是指为实现体育教学目标,要求学生系统学习的体育知识、技能和行为的总和。体育教学内容作为体育教学的一个重要组成部分,影响着体育教学的整体质量和最终效果。

体育教学内容丰富多样,涉及面也非常广泛,因此,在分类上采用的方法也有很多种,常见的有以下几种。

(1)按照体育教学目标划分

不同体育教学目标所要求采取的教学方法是各不相同的,以此为依据,可以将体育教学内容分为体育运动技能、科学锻炼方法、安全意识与能力、体能、学生心理素质、学生社会交往能力、基本活动能力等。

(2)按照体育的功能划分

不同体育运动项目的功能各不相同,按照这一标准,可以将体育教学内容分为运动参与类、运动技能类、身体健康类、心理健康类、社会适应类等。

(3)按照人体基本活动能力划分

人体的基本活动能力根据不同身体部分的参与程度会有不同的划分,如走、跑、跳、攀登、负重等,按照此标准,可以对体育教学内容进行重新分类与组合。

(4)按照身体素质划分

学生是体育教学的主体,其身体素质则是体育教学过程中要考虑的重要依据。按照这一标准,常用的分类方法有两种:第一,按照与动作技能相关的体能、力量、速度、灵敏、平衡、协调、反应等进行分类;第二,按照与健康相关的体能、身体成分、肌肉力量、心肺耐力、肌肉耐力、柔韧性等进行分类。

(5)按照运动项目划分

按照运动项目的名称和内容,可以将其分为球类、体操、田径、武术、体育舞蹈、冰雪运动、水上运动等。

(6)综合交叉分类

这种分类方法是将前面几种分类方法结合起来并加以运用

的,可以将其理解为将基本部分与选用部分、理论与实践教学内容、各项运动的基本教学内容与提高身体素质练习教学内容等相互交叉的综合分类方法。

2.体育教学内容的选择

选择体育教学内容需要有一定的依据,具体来说,体育教学内容的选择依据主要有体育课程目标、学生的需要及身心发展规律、社会发展的需要、体育教学素材的特性等。

选择体育教学内容,仅仅参照相关依据、遵循基本原则是远远不够的,科学合理的程序直接关系到体育教学内容选择的合适与否。具体来说,选择体育教学内容的过程大致分为以下几个方面。

(1)对体育素材的价值进行评估

在选择体育教学内容前,体育教师首先要从社会发展以及教育领域的实际情况和需要出发,深入分析现有的体育素材,然后对其进行综合评价,同时做出相关的论证,论证的内容包括所选内容能否促进学生的身体健康、能否督促学生主动进行体育锻炼、能否提高学生的思想品德修养等,然后以得出的结果为依据,最终将合适的体育教学内容确定下来。

(2)对不同的运动项目与练习加以整合

体育教学中包含的运动项目和身体锻炼形式是非常丰富的,它们对学生的身心所产生的作用和影响也各有差别。这就要求体育教师充分剖析已经制定的体育教学目标,将其与各个体育运动项目的特点和作用结合起来,然后通过科学的整合、加工,最终将适宜的体育教学内容确定下来。

(3)选择与实际需要相适应的体育运动项目

体育运动项目与身体练习具有显著的多功能性与多指向性的特点,这就对它们的可替代性特点起到了决定性的影响。因此,学校体育教学内容在运动项目方面可选择性强。但是,受有限的体育教学时间的限制,完成所有的体育运动项目和身体练习的教学是不可能的。这就要求体育教师根据实际情况,并结合学生的身心特点与兴趣爱好,将那些典型、常见的体育运动项目和身体练习作为学校体育教学内容的最佳选择。

(4)客观、实际地分析所选内容的可行性

选好体育教学内容后,并不是万事大吉了,接下来需要对所选择的教学内容加以分析,只有可行性较为理想,该教学内容才是能够加以运用的理想选择。具体来说,需要对本地区地域、气候和本校的场地、器材等条件的制约与影响等进行重点分析,同时还要分析教学计划在这些特殊环境中的可行性,并保证各地、各校执行的弹性,为教师实施体育教学内容留下足够的余地。

(二)运用科学的体育教学方法

1.体育教学方法概述

在体育教学中,为了实现既定的体育教学目标,教师需要采取一定的方法来将体育教学内容传授给学生,而在传授过程中用到的具有指引性和可操作性的教学方式、途径和手段的总称,就是所谓的体育教学方法。

根据达到体育教学目标的途径和活动方式,可将体育教学方法分为教法、学法、练法和育法四种类型。

(1)教法类体育教学方法

一般来说,教法类的体育教学方法又可以分为两种具体的教学方法:一种是体育保健知识教学方法;另一种是体育技术技能教学方法。

(2)学法类体育教学方法

学法类体育教学方法就是对学生学习起到指导作用的方法。这类型体育教学方法关注的重点在于使学生愿学、会学,最终达到学以致用,并形成良好的学习和锻炼习惯的目的。

（3）练法类体育教学方法

这种体育教学方法是体育教学里面最具本质特征的方法。其主要功能是促进学生身体的发展、体质的增强。其关注的重点在于在体育教学过程中，帮助学生明确练法的作用和意义，掌握练习的策略，把握各种练法之间的相互联系，能做到举一反三、合理运用。

（4）育法类体育教学方法

这一类型体育教学方法的主要任务是对学生进行思想品德教育和美育。体育教师在运用这一类型的教学方法时，要关注的重点在于培养学生顽强的意识品质和团结协作的精神，促进学生身心健康发展和竞争意识的形成，引导学生追求健康美，养成正确的审美观，提高美的表现力和美的创造能力。

2.体育教学方法的选用

在长期的体育教学实践中，人们在体育教学方法方面已经积累了不少的经验，但是，随着现代教育技术的发展和教学改革的不断深入，一些教学方法因为无法与不断发展的社会形式以及教学需要相适应，逐渐被摒弃掉，同时，为了满足发展的时代需求，人们也会不断研究出新的教学方法。因此，体育教学方法的种类越来越多，体育教师对此的选择面不断扩大，这就对体育教师在体育教学方法的选用方面提出了严苛的要求。

体育教学方法的选择与运用是在一定的依据基础上进行的，具体来说，主要包括体育教学的具体目标与任务，教材内容的性质和特点，学生的实际情况，教师自身的素质，体育教学方法各自独特的功能、适用范围、使用条件，教学时间和效率的要求，教学的物质条件等方面。

（三）采用适宜的体育教学模式

1. 体育教学模式概述

体育教学模式，可以将其理解为体育教学实施与发展的一个大体框架，这一框架是由多种因素共同组成的，有体育教学思想、体育教学目标、体育教学环境等。

为了便于理解，可以将体育教学理解为一个开放的系统，在这个系统中有教学思想、教师和学生、课程教材、教法与学法、场地器材及结构程序等，要强调的是，这一开放系统是具有可控性的。

以系统科学的原理和体育教学模式的概念特征为主要依据，可以将体育教学模式的结构分为教学思想、教学目标、操作程序、实现条件、评价五个方面。其中，操作程序和实现条件都是各个教学模式自身所特有的，从中也能将不同教学模式的特点反映出来。另外，在评价方面，由于不同的教学模式完成的教学目标、使用的程序和条件也会存在着一定的差异性，因而在评价方法和评价标准上也要遵循差异性原则。任何教学模式都要有自己的评价标准和方法，因此，切忌采用统一的评价标准和方法来进行评价。

2. 常见的几种体育教学模式

（1）传统运动技能教学模式

这种传统的教学模式在我国体育教学领域中长期居于主导地位。该模式以教师为中心和主导，十分重视教师的主导作用。这种模式对于有一定运动技能基础的学生较为适用。这一教学模式的操作程序为教学准备（教师提出教学任务）—定向认知学用练习（教师进行讲解示范）—分解练习、完整练习、巩固练习、应用练习—教学结束（教师对学生做出评价）。

（2）小群体体育教学模式

小群体教学模式是通过分组的形式来将组内学生的凝聚力激

发出来，使他们能够团结一致，共同提高小组的竞争力；学生在组内相互帮助，不仅能保证竞争的良好环境，还能使各自的适应能力和心理素质都得到提升。这种教学模式对学生人数、教学条件都有一定的要求，其具体的操作程序为教师提出要求—小集团组成—小集团学习—集团间活动—集团解散。

(3)快乐体育教学模式

快乐体育教学模式主张学生在学习体育运动技能的同时也体会到运动的乐趣，并通过对运动乐趣的不断体验来培养终身体育意识。这种教学模式对教学内容的难度、教师经验都有一定要求。其操作程序为提出问题—创设情境—激发动机—实践探索—诱发点拨—体验发现—获得满足。

(4)发现式体育教学模式

发现式教学模式能够有效开发学生的智力，调动学生思维的主动性、积极性，增加学生学习的趣味性，提高学生学习的有效性。其操作程序为设置教学情境—结合教学情境提出问题—进行初步的尝试性练习—寻找问题的答案—验证假说，得出答案—进行正常的运动技术教学—结束单元教学。

(5)成功体育教学模式

成功体育教学模式主张让学生多体验成功，但是对于过程中的失败也不用刻意回避，要正确面对；主张将相对评价与绝对评价结合起来；主张营造温暖的集体学习氛围。这一教学模式对教学场地与器材条件、教学形式以及教师都有着较高的要求。其教学程序为改造教材—教学诊断—设立自我目标—超越自我—教学评价—体验成功。

二、营造和谐的体育教学环境

(一)体育教学环境的含义

在教学活动中,教师和学生的双边活动都会受到一些外在因素的影响,这些因素的综合就是所谓的教学环境。

通常可以从广义和狭义两个方面来对教学环境进行了解和认识。从广义上来说,教学环境就是对教学产生影响的所有社会环境的总和;从狭义上来说,教学环境指的是学校教学活动所需要的环境,主要涉及物质、制度与集体心理等各方面。

我们这里要研究的体育教学环境属于狭义上的教学环境的范畴。由此,可以将体育教学环境定义为:体育教学环境是对体育"教"和"学"效果有影响的显性的和隐性的教学条件,以及这些条件共同构成的教学氛围。

(二)体育教学环境的构成

体育教学环境的构成因素是多种多样的,具体可以根据不同的依据进行划分。比如,显性的、半隐性的和隐性的体育教学环境是按照体育教学环境的直观性来划分的;物质环境、制度环境和集体环境这三种类型,则是按照体育教学环境的具体形态划分的。

1.物质环境

体育教学的物质环境是体育教学环境的显性因素,具体来说,就是那些有形的体育教学场地、设施、器材等物体,以及它们的形状、颜色、工艺精度、清洁度、完好度、安置位置、排列方式等物理性质所构成的教学氛围。

2.制度环境

体育教学的制度环境属于体育教学环境中半显性因素的范畴,这是因为制度的呈现有时是明确的文字,有时是师生头脑中或口头上的共同约定。制度因素是物质因素与集体因素之间的连接体，因为一部分制度因素与物质因素有着密切的联系，还有一部分制度因素则与集体因素关系密切。体育教学制度因素的优劣所形成的高效率与低效率、严谨和不严谨都会在很大程度上影响到学生的体育学习氛围。

3.集体环境

体育教学环境的隐性因素是体育教学的集体环境，是体育学习集体构成因素的优劣所形成的无形中影响学生体育学习的教学氛围，其中包含了平等与不平等、和谐与不和谐、友善与不友善、团结与不团结、合作与不合作、宽容与不宽容等。

（三）体育教学环境的优化

自然环境强调的是保护，与之不同，体育教学环境强调的则是营造、维护和修缮。体育教学环境的优化不仅涉及学校和体育教师，还与学生有着密切关系。因此，对体育教学环境的优化，是学校、体育教师和学生共同的责任和义务，需要他们共同参与、共同努力才能实现。

从某种意义上来说，体育环境的优化就是根据体育教学的实际情况，对体育教学环境进行设计、营造和维护。影响体育教学环境的因素有很多，因此，要保证体育教学环境的良好氛围，就要保证其中的因素是科学合理的，必须科学选择、组合、控制和改善各方面因素，最大限度地利用体育教学环境中的有利因素，抑制或消除各种不利因素，以营造体育教学的最佳氛围。这个最佳的氛围应是这些景象：景色美观、安全舒适，规则明确、秩序井然，尊师爱生、同伴友助，资源分享、共同进步。

由于体育场地周边环境的优化比较复杂，而运动服装的优化又比较简单，因此，体育教学的物质环境优化的主要工作包括体育教学场地和设施的美化、体育教学器具的美化两大方面。

1.体育教学场地和设施的美化

体育教学场地和设施环境的美化主要体现在建设时的设计和建设后的维护与管理。

(1)优化体育教学场地和设施的注意事项

首先,注意体育教学场地与设施的材料选用问题。当前,我国学校的体育室外场地多采用塑胶或人工草皮铺装。这类材料包含的种类比较多,而且产品更新速度较快。因此,在选材时一定要事先就对此进行研究和论证,同时,还要严格遵循基本的节约和实用原则,并对地理区域和气候等方面的因素进行综合考虑。体育设施可以购买和自制,但材料的质量相差较大,因此,在自制各种体育器材时要选用结实和表面光滑的材料。

其次,注意体育教学场地与设施的布局问题。各个场地和设施之间的距离要合理。体育场地设施的布置要尽量避免教学的相互干扰并便于管理,层次要分明、整齐而有序,场地和设施内外要有必要的标识和标志物,使人一目了然。

(2)建设后的体育教学场地和设施的维护与清洁

建设后的体育教学场地和设施是需要进行定期维护的,这样能使其使用寿命得到有效延长。但是要注意,这方面的维护工作是有章可循的,并不是随意就能达到既定保养效果的。具体来说,必须按照事先建立的体育场地使用制度从事相关的维护工作,尤其要注意一些禁止的事宜。维护工作中,一定要确保安全,使环境对体育教学的影响尽可能小,尽可能通过检查和预判清除掉危险隐患,保证体育教学活动的顺利进行。

从优化学生健康环境的角度出发,必须认真对待体育设施和器具的卫生问题,具体措施包括将体育教学设施打扫干净、游泳池经常换水和消毒等。学校体育场地和设施的清洁主要依靠日常的清洁值班制度,让学生在课后进行体育场地和设施的清洁工作,融卫生和教育于一体。另外,便利和足够的清洁工具也是做好体育场地和设施清洁工作的重要因素。

2.体育教学器具的美化

这里所说的体育教学器具主要是指体育器材和教具。当前,成为商品的体育器具越来越多,其多样性和精美程度很高,这就将体育教学器具的美化纳入体育教学环境的组成因素范畴中了。体育教学器具的美化主要在使用前的设计和使用中的管理和购置两大方面的工作上得以体现。需要强调的是,在设计和购置体育教学器具时,一定要对材料、颜色和用途三个方面的问题进行重点考量。设计和购置后的体育教学器具的优化主要包括维护与清洁两方面的工作。

第三节　做好体育教学的科学管理工作

一、体育教学管理的概念

体育教学管理可以细分为不同的子系统,各子系统的划分并不是随意的,而是始终与体育教学管理的总目标保持一致的。同时,各子系统之间并不是各自独立的,而是相互影响、相互促进的关系,它们的共同目标是更好地实现体育教学管理。

通常,可以将体育教学管理的概念界定为:拥有一定管理权力的组织和个人对体育系统的人力、财力、物力、信息、时间等要素进行的计划、组织、协调与控制。

二、体育教学管理的目标

(一)体育教学管理的总目标

体育教育包含着体育教学,因此,要分析体育教学管理的总目标,就要首先对体育教育管理的总目标加以了解。

关于我国体育教育的总目标,可以将其概括为增强学生体质,促进学生身心健康,培养学生的终身体育意识及能力,使其成为德、智、体、美、劳全面发展的社会主义事业建设人才。

因此,现代体育教学管理的目标必须在现代体育教育的总目标下,与现代体育教育的方向一致,为实现现代体育教育的总目标而服务。

(二)体育教学管理的层次划分

体育教学管理系统的目标可以细分为很多子系统的子目标。以体育教学管理目标的层次为依据,可将体育教学管理目标大致分为体育教学管理的总目标、体育教学管理的下一层目标、体育教学管理的具体目标。体育目标的层次和结构能够将体育教育目标体系反映出来,体育总目标的实现需要不同层次目标的协同作用。体育教学管理中各个目标的实现与体育各项工作的管理之间是密不可分的关系,进行体育教学管理就是为了使体育教学中各项体育目标的实现得到保证。

三、体育教学管理发展采取的对策

对于体育教学管理来说,只有不断发展,才能与现代社会的发展相适应。具体可采用的对策主要有以下几个方面。

(一)做好体育教学管理人员的素质建设工作

体育教学管理人员是体育教学管理工作的主体和实施者,其素质水平的高低直接关乎管理的质量,因此,做好体育教学管理人员的素质建设工作至关重要。

1.提升思想素质

一个人的行为受到其思想的指挥,因此,提升体育教学管理人员的思想素质是做好体育教学管理工作的首要任务。对于体育教学管理人员来说,要充分了解体育教学的特殊地位和作用,在此基础上,调整自身的心理状态和情绪,热情对待每一名学生,增强服务意识,提升整体管理效能。

2.做好业务素质建设工作

体育教学管理人员专业工作的开展,都是在现有的体育教学现状的基础上进行的,因此,体育教学管理人员必须时刻了解学校体育教学现状,尤其是对当前学校体育教育管理制度有全面的了解,清楚从事体育教育管理方面的工作性质与内容,努力提升管理水平。

(二)从实际出发,更好地为学生提供优质教育服务

1.学校体育教育管理需要从实际出发

体育教师应该根据学生的生长发育特点和学习需求,做到对学生特点的准确把握,然后对症下药。在整个体育教学管理的过程中,教师应及时总结经验,参照相关法律依据来实行教育探究与教育改革,敢于创新,摆脱固有的思想,探索适合学生的管理方法与教育模式,通过多样化的开放式教育,让学生对学习知识的重要性有较为全面的了解和认识。

2.为学生提供优质教育服务

学生是学校体育管理的主要服务对象,为全校学生提供优质的服务,让学生感到满意是体育教学管理最初的目的,要实现这一目的,学校需要对自身的基本职能有充分的了解。一般来说,学校职能包括三个方面:社会服务职能、培养职能、教育职能。

3.重视学生综合能力的培养

体育教师在从事体育教学工作之前,首先要做的一项重要工作就是全面且深入地了解学生的实际情况,然后以此为依据,制定符合体育教学理念的教学目标,探寻学生综合素养的平衡点。体育教师的职责,不仅能局限于将体育相关的知识传授给学生,还包

括让学生从深层次上了解和认识体育文化,充分体验到体育的魅力,这对于学生积极地参与体育教学是非常有利的。

四、体育教学管理的改革与创新

体育教学管理的改革和创新能为其科学发展创造有利条件。具体可以从以下几个方面着手来进行体育教学管理的改革和创新。

(一)体育教学管理观念创新

体育教学管理观念会对管理活动的开展与教学活动的效果产生直接的影响。换句话说,行为活动是在思想观念的指导下进行的,因此,必须从观念入手来进行体育教学管理的改革和创新。具体来说,体育教学管理观念要着眼于体育教学本身,结合当今社会发展的大环境与大背景,使体育教学工作面向现代化,不断激发学生求知创新能力,落实以健康为根本的管理观念。在体育教学中,各项环节的改革和创新都必须与时代发展相贴合,以国家与社会的未来发展为着眼点,不断进行创新,从而使社会大众对体育教学的要求和期望得到满足。同时,面向现代体育教学的管理理念还必须与学校体育的发展趋势相符。

以健康为根本的管理观念是"以人为本"理念在体育教学管理领域的延伸,这种具有创新意义的新型管理观念,不仅能将体育教学活动的根本目的体现出来,即让学生形成科学健身的健康观念,养成积极参与体育锻炼的习惯,同时还为社会输送全面发展的人才奠定重要基础。除此之外,终身体育作为一种新型的思想理念,也是体育教学管理的重要理念。把对每个学生运动能力的培养和主动锻炼习惯的养成作为现代体育教学的重要内容,并落实到具体教学目标与任务中,将终身教育理念与以人为本理念相结合是体育教学管理理念创新的基础。

（二）体育教学管理活动创新

在将体育教学管理的理念加以创新之后，就可以将其运用于体育教学管理的实践活动中了，以此来实现体育教学管理活动的创新。

体育教学管理活动作为教学中的活动形式，与体育教学之外的社会有着密切联系，而体育教学管理活动的开展是为了促进体育教学的发展而进行的，这也就意味着其与社会的发展需求也是相符的。体育教学管理活动的开展会随着社会的发展而发展，这就赋予了其发展变化性的特点。在内容上也是，学生经过学习，逐渐掌握体育活动内容，并且逐渐形成终身体育的理念，以此来为走出校门、走向社会奠定基础。

（三）体育教学管理体制创新

创新的体育教学管理体制必须具有完整性和科学性的特点。需要注意的是，在制定完备的管理制度基础上，还要进行科学有效的实施，并且在实施过程中遵循一定的原则和要求，从而保证创新效果的理想化。

首先，采用扁平化管理结构并加以实施，使体育教学管理的效率得以提高。管理的权力意识如果过于强烈就需要适当弱化，使之与学校"去行政化"的管理理念相符，同时，也要充分体现出各管理要素的效率价值。

其次，要使体育教学管理的核心目标与使命得到进一步的强化，体育教师就要增强自身在管理方面的责任感，通过各种举措，有效提高学校体育教学质量，以此来保证学生在体育教学活动中的主体权益，使学生能够尽快树立起终身体育的意识。这在管理体制创新中是处于灵魂地位的，不可忽视。

（四）体育教学管理机制创新

体育教学管理机制创新的重要内容之一就是激励机制的建

立。激励的作用是非常显著的,不仅能提高教师与学生的积极性,还能有效增强其参与体育教学活动的动力,薪酬激励、荣誉激励、成绩激励等都是较为常用的激励方式。学生个体在各自的客观条件和主观意愿上都有着或大或小的差别,如身体素质、心理状态、运动水平等,这就要求体育教师要对这些方面进行充分考虑,以便有针对性和目的性地去将学生各自的学习兴趣激发出来。在体育教学中采用的激励方法也是因人而异的,这对于体育教学管理形式多样化和体育教学管理机制理想化目标的实现都是有利的。

参考文献

[1]马冀贤.体育教学的体系构建与科学训练[M].长春:吉林出版集团股份有限公司,2022.

[2]陈兴雷,高凤霞.高校体育教育与管理理论探索[M].天津:天津科学技术出版社,2022.

[3]李燕燕.现代化背景下高校智慧体育服务创新研究[M].长春:吉林出版集团股份有限公司,2022.

[4]张亚平,杨龙,杜利军.高校体育教学理念及模式创新研究[M].北京:中国商业出版社,2022.

[5]唐定.体育人才创业教育与创新思维[M].武汉:华中科学技术大学出版社,2022.

[6]王薇.高校排球运动教学与训练发展研究[M].长春:吉林出版集团股份有限公司,2022.

[7]李景丽.创新教育背景下的体育教学发展探索[M].南京:南京出版社,2022.

[8]金刚.金点子体育智慧课堂:小学体育与健康教学优化设计与实施[M].苏州:苏州大学出版社,2022.

[9]谭军,郑澜.体育学创新理论研究与实践[M].长春:吉林出版集团股份有限公司,2022.

[10]李建春.基于素质教育视角的高校体育教学改革与发展探索[M].北京:中国书籍出版社,2022.

[11]苏济海,范立.体育教学课程实施模式研究[M].西安:西北工业大学出版社,2022.

[12]孙丽萍.新时代高校体育教学理论探索与实务研究[M].长春:吉林大学出版社,2022.

[13]彭仁兰,王根深,赵鹏东.体育教学改革创新与信息化教学研究[M].北京:中国书籍出版社,2022.

[14]许宇斌,黄淮雷,陈历泽.现代教育理念视域下体育教学与训练体系的优化[M].北京:中国书籍出版社,2022.

[15]黄燕春,杨国珍.信息化时代背景下体育教学的创新与发展研究[M].北京:中国书籍出版社,2022.

[16]温宇蓉,郭亚琼.基于体质健康视角的体育教学优化创新研究[M].北京:中国书籍出版社,2022.

[17]韦雄师."翻转课堂"模式在高校体育教学中的实践应用[M].西安:陕西人民教育出版社,2021.

[18]郝乌春,牛亮星,关浩.新时代背景下高校体育教学改革与发展研究[M].北京:中国商业出版社,2021.

[19]史健.大学在线体育教学研究[M].北京:中国商业出版社,2021.

[20]温正义.高校体育教学与大学生体育实践能力培养研究[M].北京:北京工业大学出版社,2021.

[21]邱君芳.互联网视域下体育教学体系建设[M].北京:中国书籍出版社,2021.